سلسلة أرشيفات "المركز الدولي للدراسات والاستشارات والتوثيق"

إشراف: ممدوح الشيخ

اللائكية (العلمانية الفرنسية) والإسلام

الجزء ١

(مادة أرشيفية ٤٠ ألف كلمة)

سلسلة أرشيفات "المركز الدولي للدراسات والاستشارات والتوثيق"

إشراف: ممدوح الشيخ

اللائكية (العلمانية الفرنسية) والإسلام

الجزء ١

عناوين المواد الأرشيفية

هذه السلسلة

هذا الكتاب إصدار جديد من سلسلة "أرشيفات المركز الدولي للدراسات والاستشارت والتوثيق — مداد (مصر)"، وستصدر بمشيئة الله بالتتابع في ملفات مقسمة بحسب موضوعاتها. وهي خدمة نقدمها للباحثين والمؤسسات الأكاديمية والبحثية المهتمة بمختلف القضايا العربية. ولاحقاً، بإذن الله نوالي بمشيئته سبحانه وتعالى نشر ملفات قضايا أخرى منها: الهوية، الدولة، الجنس والجسد، ما بعد الدولة، ....، وعشرات القضايا الأخرى. كما ستتضمن ملفاتنا شخصيات وتشكيلات حضارية وثقافية.

والمادة منتقاة بعناية وموثقة.

ويمكن التواصل مع المركز في شأن طلب ملفات بعينها عبر البريد: mmshikh@hotmail.com. كما يسعدنا تلقي ملاحظاتكم.

نسأل الله أن ينفع بها

مدير المركز (المشرف على السلسلة)

ممدوح الشيخ

العلمانية المحاربة: مناقشة لخطاب الرئيس شيراك حول الحجاب(¹)

ياسين الحاج صالح
الحوار المتمدن
العدد: ٧٠٦ – ٧ / ١ / ٢٠٠٤
المحور: العلمانية، الدين السياسي ونقد الفكر الديني

"تتردّد أصداء الجدل حول مبدأ العلمنة في أعماق ضمائرنا".

بهذه الجملة بدأ الرئيس الفرنسي خطابه الذي حظر فيه الحجاب في المدارس الرسمية في فرنسا. وبهذه الجملة محور الرئيس شيراك مناقشة مسألة الحجاب حول العلمانية واستنفر هذه إلى الخط الأمامي لحسم النقاش. ولكن عبر هذا الاستخدام الكفاحي للعلمانية نقل رئيس الجمهورية الفرنسية موقع

النقاش من داخل **العلمانية الفرنسية** إلى خارجها. فمنذ أعوام يتمحور النقاش حول مدى تعارض (أو توافق) استقلال الأفراد بحرياتهم الدينية مع استقلال المجال العام عن التعبيرات الدينية. الآن أفتى الرئيس الفرنسي أن الاستقلالين متعارضان، ووضع العلمانية مقابل التعبير الديني الفردي، وبصورة أخص الجمعي (سماه "الطائفي")، و"قوانين الجمهورية" مقابل "الحرية الدينية".

لقد جعل الخطاب العلمانية طرفًا في النقاش وليس حيزًا محايداً يدور النقاش فيه. ما هو الطرف الآخر؟ احتاج الرئيس الفرنسي إلى إضافة "الصليب الكبير" و"القلنسوة اليهودية" إلى "الحجاب الإسلامي"، حتى يصنع طرفًا يرتفع إلى مستوى تهديد علمنة المدرسة الفرنسية. ولضرورات صنع الطرف الآخر اصطنع تمييزًا يصعب ضبطه بين رموز دينية خفية مثل صليب صغير أو نجمة دواد أو يد فاطمة (ما هذه؟) وبين رموز واضحة؛ الرئيس في هذه الأخيرة هو للحجاب.

عبارات الرئيس شيراك حازمة وكفاحية ولا تحتمل لبسًا. فهو يؤسس حظر الحجاب على العلمانية بوصفها "أبرز **إنجازات الجمهورية**". يقول: "**ليس مسموحًا أن تُرفض قوانين الجمهورية ومبادئها تحت ذريعة الحرية الدينية**". وفي موقع آخر يعلن: "**لا يمكن التفاوض على مبدأ العلمنة**". فهل بلغ من إحراج الحجاب لمبدأ العلمنة أن أخرج هذا من التفاوض؟

حين يقول الرئيس شيراك "**تندرج العلمنة في تقاليدنا، إنها في صلب هويتنا الجمهورية**"، أو "**أدعو الفرنسيات والفرنسيين كافة، إلى أن**

يجتمعوا **على الولاء لمبدأ العلمنة الذي يشكّل حجر الأساس في الجمهورية**"، ألا يوحي بأن **العلمانية الفرنسية** دين ودولة، وأن حظر "**الحجاب الإسلامي**" في المدراس الرسمية ركن من أركانها بقدر ما إن حجاب المرأة ركن من أركان الإسلام، حسبما تبرع بالقول مشايخ من لبنان وسورية وغيرهم؟ هذه العلمانية المذهبية لا تساعد شيئًا ولا أحدًا.

والسيد محمد حسين فضل الله والشيخ أحمد كفتارو ... لا يساعدون أيضًا على تقدم النقاش حين يجعلون الحجاب فرضًا مثله مثل الصلاة. كلا. فمن الأسهل أن يُفهم منع الصلاة، الركن الذي لا جدال فيه، في الدائرة الرسمية أو في مكان العمل من أن يُفهم حظر الحجاب (**"الركن"** الذي احتاج إلى مساندة من الصلاة ليستقر). ذلك لأن المنع الأول أوثق صلة بمنطق الرأسمال وعقلانيته منه بـ "**تدنيس**" العلمانية، وهو تاليًا أيسر تبرئة من "**رهاب الإسلام**". أما المنع الثاني فلا يمس العقلانية الرأسمالية بنفع أو بضرر، لكنه يبعد "**مخاطر الانحراف**" عن "**مبدأ العلمنة**" أو الإخلال بـ "**ميثاق الجمهورية**". قد تكون الصلاة أثناء العمل هدراً اقتصادياً أما الحجاب فخطر رمزي أكيد.

والحال إنه لأكثر إقناعًا تأسيس حظر الحجاب على رفض التمييز بين الجنسين وعلى الدفاع عن الاختلاط مما على العلمنة، التي اضطرت الرئيس الفرنسي إلى إدخال تمييز صعب بين رموز "**واضحة**" تخدش عفة المبدأ العلماني، وأخرى "**خفية**" تراعي مشاعره. فالأساس الأمتن هو أن الحجاب يميز النساء خلافاً للصليب، كبيرًا أو صغيرًا، وخلافًا لنجمة داود (وبالتماثل

مع القلنسوة اليهودية الخاصة بالذكور، أليس كذلك؟). وبذلك يكون حظر الحجاب انتصار الجمهورية للنساء المسلمات ضد ما يفترض أنه "**رمز دونيتهن**" (حسب نسويات فرنسيات) دون مساس بدينهن، ودفاعاً عن الاختلاط الديمقراطي وليس عن النقاء العلماني.

لقد دافع الرئيس شيراك عن الاختلاط حقًا: "**الاختلاط هو الذي يجب أن يسود لأنه يجمع ويضع الجميع على قدم المساواة**"؛ وكذلك عن المساواة بين الجنسين: "**تقاس درجة تحضّر مجتمع ما قبل كل شيء بالمكانة التي تشغلها النساء فيه**"، لكن العلمانية ظلت طرفًا في النقاش ومحوره في آن معًا.

لعلنا حيال إحدى سمات الثقافة الفرنسية الراسخة، أعني أن ورثة العقلانية اللاتينية الفرنسيين لا يستطيعون، خلافًا للأنكلوسكسون التجريبيين، أن يصدروا أي قرار دون أن يغلفوه بلغة المبادئ العامة كـ: **الجمهورية وفرنسا ومبدأ العلمنة**، لكن هذا يجعل **العلمانية الفرنسية** أقرب ما تكون إلى عقيدة نقاء وطهر. فبعد أن ركز لواءها في "**تقاليدنا**" و"**صلب هويتنا الجمهورية**" (تتكرر نحن الجمعية بصيغة التملك: تقاليدنا ... إلخ، ٧٢ مرة على الأقل في الخطاب) رأى الرئيس شيراك أن المطلوب اليوم ليس "**إعادة بنائها ولا تغيير حدودها، بل إحيائها عبر الحفاظ على ولائنا للتوازنات التي عرفنا أن نبتكرها، وعلى قيم الجمهورية**". وإذا بدا أن مفهوم التوازنات غريب في الوسط الدلالي والمفهومي لخطاب شيراك، فإن الرجل يتحدث عن الحفاظ على ولاء لتوازنات ابتكرت في الماضي مستبعدا

١٠

فكرة الحاجة إلى ابتكار توازنات جديدة. وفي مجمل خطابه يحتل الولاء (الولاء لمبدأ العلمنة، الولاء لـ **قيم الجمهورية** أو لـ **ميثاقنا الجمهوري**) مكانًا متقدمًا على فكرة الابتكار.

وفي موقع آخر يعلن أن "**الأمر لا يتعلق بوضع قوانين جديدة ولا بتغيير حدود العلمنة، بل بأن نعلن باحترام إنما بوضوح وحزم، قانوناً يندرج في أعرافنا وممارساتنا منذ فترة طويلة**". ويقترح كذلك وضع قانون للعولمة "**يجمع كل المبادئ والقواعد المتعلقة بالعلمنة**"، يكون دليلاً لسلوك الموظفين الحكوميين. كما يوصي بأن ينشئ رئيس الوزراء "**مرصداً للعلمنة مكلّفاً بتحذير الفرنسيين والسلطات العامة من مخاطر الانحراف عن هذا المبدأ الأساسي أو الإخلال به**".

"**مخاطر انحراف**"؟ أية ضروب من القلق ينتظر لهذا النقاء العلماني أن يعالج؟ أهو "**الإسلاموفوبيا**" كما لم يغفل نقاد من خلفيات متعارضة أن يشيروا؟ خلافا لمراصد حقوق الإنسان التي ترصد انتهاكات تتعرض له حقوق موصوفة يبدو أن اهتمام المرصد العلماني سينصب على رصد انتهاكات تتعرض لها "**علمانية الدولة**". العلمانوية، الأصولية العلمانية، تعلن حالة الطوارئ.

من حق المرء أن يشعر بالقلق حين يكرر الخطاب كلمة فرنسا ٤٤ مرة (بصيغ مختلفة: فرنسي، فرنسية، فرنسيون ...)، وكلمة الجمهورية ٢١ مرة، وكلمة علمانية (بصيغة علمنة خاصة) ٢٠ مرة. ومن اللافت أن كلمة

الديمقراطية لم ترد ولو مرة واحدة. هذا يعطي فكرة عن المناخ النفسي والوجداني للخطاب. ثمة وطنية متشددة، بل متعصبة، تشعر أنها في خطر وأن "**قوانين الجمهورية**" مهددة، ويدور حديث متكرر عن ميثاق ومبدأ وولاء، وتسود الخطاب نبرة حسم وإغلاق لباب المداولة.

تريد **العلمانية الفرنسية** استيعاب المسلمين، لكن دون أن تتغير هي ذاتها، ودون أن تراجع أسسها وتبحث عن توزانات جديدة توسع من طاقتها الاستيعابية. هل هذا ممكن؟ العلمانية تحمل تاريخها، وهو تاريخ تفاعلها مع تحديات عرضت في مسار تاريخي يمتد أكثر من مائتي عام. حيال تحديات جديدة لا يسع العلمانية أن تطالب بالولاء لها وأن ترفض التفاعل في الوقت نفسه.

وزير التعليم الفرنسي يُحذّر من تشويه مفهوم العلمانية[2]

٢٣ / ١ / ٢٠١٦

باريس: حذرت وزير التعليم الفرنسية نجاة فالو بلقاسم من تشويه السياسيين لمبادئ **العلمانية الفرنسية**، واستخدامها، في أغلب الأحيان، بشكل خاطئ لمهاجمة الإسلام، فيما يشعر أطفال المدارس بالارتباك. حيث

---

[2]) موقع المغرب اليوم الإخباري – الرابط:
http://www.almaghribtoday.net/498/%D9%88%D8%B2
%D9%8A%D8%B1-
%D8%A7%D9%84%D8%AA%D8%B9%D9%84%D9%8A%D9%85-
%D8%A7%D9%84%D9%81%D8%B1%D9%86%D8%B3%D9%8A-%D9%8A%D9%8F%D8%AD%D8%B0%D9%91%D8%B1-
%D9%85%D9%86-
%D8%AA%D8%B4%D9%88%D9%8A%D9%87-
%D9%85%D9%81%D9%87%D9%88%D9%85-
%D8%A7%D9%84%D8%B9%D9%84%D9%85%D8%A7%D9%86%D9%8A%D8%A9

أوضحت أنه بعد الهجمات المتطرفة المدمرة في باريس العام الماضي، أصلحت فرنسا تدريس العلمانية والقيم المدنية كجزء من حملة البلاد ضد التطرف.

وأضافت بلقاسم في مقابلة مع صحيفة **غارديان** البريطانية، **"علينا إعادة صياغة مفهوم العلمانية، كي نتمكن من شرحه لتلاميذنا الصغار، مهما كانت ديانتهم، فهم ينتمون إلى هذه الفكرة ولا يمكن استبعادهم، فالعلمانية ليست شيئاً ضدهم بل تحميهم"**. حيث اتخذت المدارس الفرنسية منذ هجمات يناير/ كانون الأول الماضي على المجلة الأسبوعية الساخرة **شارلي ابدو** وسوبر ماركت **كوشير باريس** حيث قتل ١٧ شخصًا، ثم هجمات نوفمبر/ تشرين الثاني، التي أسفرت عن مقتل ١٣٠ شخصًا، محور جلد هذه الأزمة لذاتها لبحث كيفية تورط الشبان الفرنسيين في حمل السلاح ضد غيرهم من المواطنين.

وأطلقت الحكومة خطة عمل لمكافحة عدم المساواة، وهو ما أطلق عليه رئيس الوزراء الفرنسي: **"الفصل العنصري الإقليمي والاجتماعي والإثني"** في فرنسا. ومنذ ذلك الحين، تم الأخذ في الاعتبار أكثر من ٨٠٠ طفلًا في المدراس من المحتمل أن يصبحوا متطرفين في المستقبل.

وقالت بلقاسم والتي سافرت إلى لندن لبحث كيفية معالجة المدارس في بريطانيا عدم المساواة الاجتماعية ومناقشة التعليم الرقمي، أن **"مبدأ العلمانية كان أساسا في مكافحة التطرف في فرنسا"**. مضيفة أن فرنسا جمهورية علمانية ترتكز على الفصل الواضح بين الدين والدولة، وتهدف إلى

تعزيز المساواة للجميع في المعتقدات الخاصة، فهي لا تزال دولة محايدة إزاء الدين، ولكن يجب حماية حرية كل فرد في ممارسة دينه.

وحظرت فرنسا في عام ٢٠٠٤، ارتداء الفتيات الحجاب في المدارس الحكومية، بالتوازي مع فرض الحظر على جميع الرموز الدينية الأخرى مثل الصلبان أو العمائم، بزعم أن المدارس لابد أن تكون خالية من أي مظهر ديني. ولكن بلقاسم، أفادت بأن فرنسا تصلح كيفية تدريس مفهوم العلمانية، بسبب تشويه من السياسيين اليمنيين خلال الأعوام الأخيرة.

وأردفت، "العلمانية مفادها أننا نعيش في دولة حيث يمكن للأفراد اعتناق المعتقدات التي يختارونها، وعلى السلطات العامة للدولة أن تكون محايدة تجاههم، لهذا السبب طلبنا من التلاميذ في المدارس عدم ارتداء أي رموز دينية مميزة، لأن المدارس يجب أن تكون غير محايدة إزاء معتقدات الطلاب، ويجب أن تعاملهم جميعاً على قدم المساواة". وتابعت، "ولكن هناك شعور متزايد من عدم الفهم بين التلاميذ حول ما يعنيه هذا، فبعض التلاميذ يشعرون بأنه هجوم عدواني على هويتهم".

واستطردت، "إذا شعر عدد كبير من التلاميذ الصغار إن العلمانية هجوماً عليهم، فذلك لأنه ساء استخدام هذا المفهوم وتشويهه من اليمن المتطرف في المناقشات العامة لأعوام طويلة بهجومه على الإسلام، فلقد تم إساءة استخدام المفهوم ليشير إلى مدى اختلاف

المسلمين عن الآخرين، وهذه مشكلة واضحة". وقالت: "لذا فإننا نعمل بالفعل على إصلاح مفهوم العلمانية، وخاصة وتدريب المعلمين على ذلك".

وتطوع أكثر من ٥٠٠ مواطنًا، تتراوح أعمارهم بين ١٨ — ٩٤، بما في ذلك محامين متقاعدين وصحافيين، وكبار رجال الأعمال، في مبادرة غير مسبوقة، للذهاب إلى المدارس للحديث عن العلمانية. وشكا العديد من المتطوعين من أنهم لم يكونوا محل ترحيب، لكن بلقاسم ذكرت إن المشروع في تزايد، **"ففي بعض المواضيع الحساسة، إحضار أشخاص من الخارج للحديث عن القيم يعد أمرا ملائما لأن التلاميذ سيتسمعون لهم بمزيد من الاهتمام"**. حيث كانت المدارس الفرنسية هدف لما وصفته الحكومة بتهديدات **"واضحة"** من الهجمات المتطرفة الجديدة، وتم تشديد الإجراءات الأمنية ووضع خطط الطوارئ حول المدارس. بعد أن تفجر الوضع الشهر الماضي، عندما هاجم معلم نفسه بسكين، وتظاهر بأنه ضربه مسلح تنظيم **"داعش"**.

وتكافح فرنسا للتعامل مع العيوب العميقة في نظام مدارسها، فوفقًا لـ **منظمة التعاون والتنمية في المجال الاقتصادي**، فإن نظام التعليم الفرنسي يعد أحد أقل التعليم مساواة في العالم، فـ ٥ % فقط من الأطفال ذوي الآباء من الطبقة العاملة يصلون إلى المستويات الجامعية، فيما يصل ٤ % فقط إلى ما يعرف بالمدارس العليا المعروفة بـ **"مدارس النخبة"**.

وبيَنت بلقاسم، التي ولدت في ريف المغرب، فرنسا في سن الرابعة ونشأت في العقارات الفقيرة في بلدة شمال اميان: **"المساواة في التعليم هي معركتي الأولى"**. وواجهت فرنسا احتجاجات في الشوارع، العام الماضي بسبب إصلاحيتها لإعطاء مزيد من الاستقلالية للمدارس المتوسطة التي تكافح في فرنسا. ورفضت بلقاسم قبول المزحة القائلة إن **"التعليم الفرنسي غير قابل للإصلاح، وقالت إن التغييرات حدثت هذا العام"**.

واعترفت بلقاسم التي التقت نظيرتها البريطانية نيكي مورغان، وزرات أكاديمية **بيمليكو** في لندن، بأن النظام المدرسي الحالي في بريطانيا يختلف اختلافًا جذريًا عن فرنسا، ومن المنتظر أن تلقي الوزيرة المغربية — الفرنسية كلمة في معرض تكنولوجيا التعليم بيتت في لندن، كجزء من وعد الرئيس فرانسوا هولاند لتكثيف استخدام التكنولوجيا الرقمية في المدارس الفرنسية.

وصعدت مورغان هذا الأسبوع حملة مكافحة التطرف في بريطانيا، بتوجيه نداء إلى الآباء والمعلمين أن يكونوا يقظين من التطرف. وقالت أيضًا: **"فيما يتعلق بالمدارس، فلهم الحق في منع النساء والفتيات المسلمات من ارتداء النقاب في المدارس إذا ما أردوا"**.

جريدة أكاديميا الكويتية

واقعية الإسلام في النموذج الفرنسي للعلمانية(^٣)

الجمعة ١٨ ديسمبر ٢٠٠٩

"**هل يكون الإسلام فرنسياً؟**"، هو عنوان الكتاب الذي نعرضه هنا، وهو يتناول بالدرجة الأولى النظرة البراجماتية إلى الإسلام في علاقته بمجتمع التعددية الدينية والثقافية والعرقية في الدولة العلمانية الفرنسية. الكتاب من تأليف "**جون آر. باوين**" الذي صدر له من قبل كتابه: "**لماذا يكره الفرنسيون الحجاب؟**". ويقع الكتاب في ٢٤٢ صفحة من الحجم المتوسط، ويندرج موضوعه تحت القضايا التي يتناولها باحثو الأنثروبولوجيا الثقافية في المجتمع الفرنسي المعاصر.

اعتمدت مادة الكتاب على البحث الميداني الذي شمل ملامسة الكاتب المباشرة لحياة الجاليات المسلمة المهاجرة التي تقطن ضواحي العاصمة باريس، فضلاً عن تعرفه عن كثب على المؤسسات الإسلامية التي تسهم في

(^٣) جريدة الاتحاد الإماراتية – الرابط:

http://alittihad.ae/wajhatdetails.php?id=49731

تشكيل مستقبل تلك الجالية الكبيرة من المسلمين المهاجرين، التي يتوقع لها أن تحدث تغييراً جوهرياً في الهوية الفرنسية نفسها، من ناحية تأثيرها على التطبيق العملي لمعاني التعددية الدينية الثقافية في المجتمع العلماني. يحاول أن يقف بنا الكاتب هنا على الصراع الذي تخوضه الجالية المسلمة الفرنسية، ليس من أجل الحصول على حقوق الأقليات المستحقة لها، بما فيها الحقوق المتصلة بالتعددية الثقافية، وإنما من أجل تحقيق التعددية القيمية والتصالح مع نهج الجمهورية **العلمانية الفرنسية** في ذات الوقت الذي تحافظ فيه هذه الجالية على تقاليدها وقيمها الدينية الثقافية الخاصة بها.

وفي حين عكس كتاب المؤلف السابق **"لماذا يكره الفرنسيون الحجاب؟"**، وجهة نظر المجتمع الفرنسي غير المسلم، نرى أن جهده كله ينصب على عكس آراء أفراد الجالية المسلمة الفرنسية ونظرتهم لحياتهم الخاصة في ظل المجتمع العلماني المحيط بهم. ولا يثير الكاتب السؤال الشائع المتكرر لدى الأوساط السياسية: كيف يتم إدماج المسلمين في نسيج المجتمع الفرنسي العلماني؟ بدلاً منه يتساءل الكاتب: عن كيف ينظر المسلمون الفرنسيون إلى الإسلام في محيط مجتمعهم الفرنسي الجديد؟ ضمن ذلك ينظر الكاتب إلى الكيفية التي ينشئ بها المسلمون الفرنسيون مؤسساتهم الدينية ويطورون بها أنماط تفكير جديدة في عقيدتهم بحيث يمكن لهم التعايش مع مجتمعهم الجديد الذي ينتمي إلى هوية دينية ثقافية مختلفة تماماً. كما ينظر الكاتب إلى الكيفية التي تمكنت بها المساجد الفرنسية من خلق صلات مع القوى السياسية والاجتماعية الأوسع، وكيف طور المسلمون الفرنسيون أنماطاً

تعليمية تسهم في اجتراح اجتهادات فقهية دينية تساعد أبناء وبنات الجالية المسلمة على الانسجام مع عقيدتهم وقيم المجتمع العلماني المحيط بهم.

وإجمالاً يبرز اهتمام الكاتب بدراسة المدى الذي استطاعت فيه الجالية المسلمة الفرنسية التكيف مع مجتمعها العلماني المضيف. وتشمل دراسة وقياس مدى هذا التكيف الديني الثقافي، إشارات لفضاءات الحرية الدينية الثقافية التي أتاحها المجتمع الفرنسي لجاليته التي تختلف عنه أشد الاختلاف في معتقداتها الدينية وتقاليدها وعاداتها الاجتماعية الثقافية.

ضمن الأبحاث الميدانية التي أجراها الكاتب في سياق تأليفه لهذا الكتاب، استماعه إلى حوارات عديدة جرت بين المعلمين والطلاب المسلمين، إلى جانب قضائه بضعة شهور في المساجد والمدارس وغيرها من المؤسسات التي توفر للجالية التي يتراوح تعدادها بين ٥ و٦ ملايين نسمة، ما يطلق عليه اسم: **"الفضاءات المسلمة"**. كما شملت الأسئلة المثارة في البحث الميداني: هل يعقد المسلم قرانه في المسجد أم في صالة أو ناد ما من أندية المدينة؟ هل يصح تدريس نظرية التطور البيولوجي لأبناء المسلمين؟ هل يجوز تثقيف المسلمين بأمور الحريات الجنسية المطلقة في المجتمع الفرنسي العلماني، بما فيها حقوق المثليين؟ هل يجوز للمرأة المسلمة الزواج من غير المسلم؟ هل يجوز للمسلم شرعاً التعامل مع البنوك والمؤسسات المصرفية الفرنسية القائمة على الربا من أجل الحصول على رهن عقاري لمنزله؟

ومن رأي المؤلف أن تلك هي الأسئلة الحياتية العملية التي تهم كل فرد من أفراد الجالية الفرنسية المسلمة على نحو مباشر. وعليه فلابد من إيجاد

إجابات واضحة لها. وهي بطبيعة الحال أسئلة تختلف أشد الاختلاف عن تلك القضايا السياسية العامة التي تهتم بعكسها وسائل الإعلام المختلفة.

وفي إطار بحثه يشير الكاتب إلى عدد من الأئمة والمثقفين والفقهاء المسلمين الجدد الذين يحاولون فتح منافذ اجتهاد فقهي جديدة تُمكن الأجيال المهاجرة من المسلمين من التجانس بين أن يكون المرء مسلماً ومواطناً صالحاً في آن في مجتمعه العلماني الحديث.

ويخلص المؤلف إلى قابلية التجانس بين الإسلام والمجتمع الفرنسي العلماني، بمعنى إمكانية أن يكون الإسلام فرنسياً كما يقول. غير أن هذا التجانس يتطلب الكثير من الأخذ والعطاء والتنازلات من كلا الطرفين. وأهم من كل ذلك ما يستنتج المؤلف من حقيقة التزام الجالية المسلمة الفرنسية بمبدأ التعددية، وكذلك قدرتها على التكيف مع قيم وتقاليد المجتمع المحيط.

عبد الجبار عبد الله

الكتاب: هل يكون الإسلام فرنسياً؟
التعددية والبراجماتية في الدولة العلمانية
المؤلف: جون آر. باوين
الناشر: مطبعة جامعة برينستون
تاريخ النشر: ٢٠٠٩

النظرة اليسارية – العلمانية إلى الدين والمتديّنين(⁴)

محمد سيد رصاص

١٥ أكتوبر ٢٠١٤

أثناء عشرية الحرب الأهلية الجزائرية بين العسكر والإسلاميين (١٩٩٢ – ٢٠٠٢) أطلق العلمانيون، وهم خليط من اليساريين والمتفرنسين المعادين للتعريب وأنصار **"التجمع من أجل الثقافة والديموقراطية"** من

(⁴) جريدة الحياة اللندنية – الرابط:

http://www.alhayat.com/article/605777/%D8%A7%D9%84%D9%86%D8%B8%D8%B1%D8%A9-%D8%A7%D9%84%D9%8A%D8%B3%D8%A7%D8%B1%D9%8A%D8%A9-%D8%A7%D9%84%D8%B9%D9%84%D9%85%D8%A7%D9%86%D9%8A%D8%A9-%D9%84%D9%89-%D8%A7%D9%84%D8%AF%D9%8A%D9%86-%D9%88%D8%A7%D9%84%D9%85%D8%AA%D8%AF%D9%8A%D9%86%D9%8A%D9%86

الأقلية البربرية، موجة من العداء الفكري – الثقافي للإسلاميين اقتصرت على معاداة الإسلاميين من حيث أنها لم تصل إلى حدود معاداة الإسلام كدين ومعتقد. في تركيا مصطفى كمال أتاتورك (١٩٢٣ – ١٩٣٨) وصلت العلمانية إلى أبعد من ذلك لتصل إلى مظاهر شعائرية (منع الأذان باللغة العربية) وإلى الزي (منع الحجاب في المدارس والدوائر الحكومية) مع عدائية ضمنية وأحياناً صريحة للدين، فيما كان هناك عند الكماليين عداء قومي ضد اليونانيين الذين هُجّر الملايين منهم من أزمير والساحل الشرقي لبحر إيجه، اختلط به العداء للمسيحية الذي لم يكن بعيداً عنه **الإسلام التركي** الموروث عن العثمانيين الذين احتلوا اليونان وصربيا واصطدموا مع القياصرة الروس. وفي المقابل كان أكراد تركيا في انتفاضة مدينة ديار بكر عام ١٩٢٥ قد اختلطت عندهم النزعة القومية الكردية مع العداء لتوجهات أتاتورك في إلغاء الخلافة الإسلامية.

هذا التوليد لـ **الفكري – الثقافي** من جانب "السياسي"، كان له سابقة عند الفرنسيين في القرن الثامن عشر عند "**مفكري عصر الأنوار**"، مثل فولتير وديدرو ودولباك. وقد أتى هذا من تحالف الكنيسة الكاثوليكية مع ملكية سلالة البوربون وتشكيلها سنداً دينياً – أيديولوجياً لنظام الملكية المطلقة. وولّد خليط العداء لتحالف الملك – الكنيسة أفكاراً عند فولتير لم تتجاوز العداء والنقد للمؤسسة الكنسية ولرجال الدين، فيما وصلت عند ديدرو ودولباك إلى نزعة إلحادية دينية ونزعة مادية حسية قاست فيها الدين بمسطرتَي العقل والعلم واعتبرت أن "**أساس كل الظواهر الذهنية والروحية**

يكمن في المادة وفي العمليات المادية ... في شكل فجّ وسطحي، ظن هذا النوع من المادية أن المشاعر والأفكار يمكن الاكتفاء في تفسيرها بوصفها نتاج عمليات مادية كيماوية، وأن الأفكار بالنسبة إلى الدماغ هي مثل علاقة البول بالكلية". (إريك فروم: "مفهوم ماركس للإنسان"، منشورات فريدريك أنكار، نيويورك، ١٩٦٢، ص٩). ويؤكد فروم أن "**كارل ماركس كان فعلياً في ضدية حازمة ضد هذه الفلسفة المادية التي انتشرت بين المفكرين التقدميين وخصوصاً بين علماء الطبيعة**". (ص٩).

الفكر الألماني

كان ماركس ألمانياً وليس فرنسياً، وفي ألمانيا برز منذ انبثاق البروتستانتية عام ١٥١٧ توحّد بين الشعور القومي الألماني والكنيسة اللوثرية، فيما كان عند كاثوليك بافاريا ورينانيا في الجنوب ميل نحو الأمبراطورية النمسوية ذات الارتباط الروحي بروما. وفي عام ١٧٨١ صدر كتاب: "**نقد العقل المحض**" لعمانوئيل كانط، فحقق انقلاباً فلسفياً كوبرنيكياً في النظرة الفلسفية إلى الدين. وفي كتابه هذا، قام الألماني كانط بتفكيك معرفي لكل الأدلة الفلسفية والدينية على وجود الله نافياً صلاحيتها وجدواها في إنتاج أي فعل معرفي حقيقي لهذا الموضوع، ومعتبراً أن الميتافيزيقا (ما وراء الطبيعة) تكوّنت فلسفياً ولاهوتياً كنتيجة للطبيعة القادرة على التركيب الموجودة في البنية الذهنية البشرية ما يجعلها قادرة على تصور وبناء حالات **ماوراء حسية** على مثال أو في تضاد مع بناها الحسية، من دون أن يعني هذا أنّها موجودة

فعلاً في الواقع. فهي يمكن أن تبني الميتافيزيقا ولكن من دون أن تستطيع اثباتَها.

لم يكن هذا تحطيماً فلسفياً للأدلة الفلسفية واللاهوتية لمصلحة الدين، وإنما عملياً أيضاً نقضاً وتحطيماً للجهد المضاد الفلسفي الإلحادي الذي حاول عبر جهد فلسفي استخدام العقل والعلم لإثبات ذهني لعدم وجود عالم ما وراء الطبيعة. في كتاب لاحق انبنى على الأول، حاول كانط في "نقد العقل العملي" (١٧٨٨) إثبات أن الدين حالة شعورية جوّانية عند الفرد المؤمن المتديّن، مبنيّة على الشعور الشخصي الأخلاقي تجاه فكرة الواجب التي تأخذ شكل الإيمان بوجود كائن أعلى ينظّم الكون، وتتوجه النفوس والمشاعر والسلوكات وفقاً له ولما يمثله. ولكن يقول كانط إن هذا شيء داخلي فردي لاعلاقة للفلسفة واللاهوت والعلم والمنطق به، بل هو أخلاق تتمظهر في شكل اسمه الدين.

وضع كانط بهذا حدوداً صارمة أمام الملحدين من الفلاسفة وأمام المؤمنين من الفلاسفة واللاهوتيين، وبيّن أن الدين يجب أن يعالج كظاهرة بطريقة مختلفة عن كليهما: هيغل استناداً إلى كانط قال إن الله يجب البحث عنه في الذات الإنسانية. وفي العام ١٨٣٥ ظهر كتاب لأحد تلاميذ هيغل هو دافيد شتراوس، بعنوان: "حياة يسوع"، قال فيه إن قصة المسيح لا تعالج بالعقل والمنطق والعلم، وإنما هي رموز تخييلية تمثّل واقع العقل والخبرة والشعور في زمن محدد، وبالتالي المسيح والمسيحية هما تعبير عن الجوّ الفكري والروحي السائد في الشرق الخاضع لسيطرة روما. وبالتالي الدين لا يعالج بمضمونه

المحض بل بوظيفيته كمضمون وطرح في زمان ومكان معينين وأيضاً من خلال الحامل الاجتماعي له. وبعد ست سنوات جاء كتاب لودفيغ فيورباخ "**جوهر المسيحية**"، ليقول إن اللاهوت ليس أكثر من علم إنساني.

لم يكن الفرنسيون مثل الألمان، فقد ظلّت **الفلسفة الوضعية** لأوغست كونت (١٧٩٨ — ١٨٥٧) متابعة للمادية الفرنسية وأدارت ظهرها للألمان وما قدمه كانط وهيغل وشتراوس وفيورباخ. وقالت إن العلم والتكنولوجيا كمرحلة ثالثة نهائية من تاريخ البشرية سيلغيان ويتجاوزان المرحلتين السابقتين: الميتافيزيقية والدينية. وقد بُنيت **العلمانية الفرنسية** التي أصبحت مذهباً رسمياً للدولة الفرنسية عام ١٩٠٥ على مزيج من عصر الأنوار الفرنسي والفلسفة الوضعية.

كارل ماركس

تأثر ماركس بالثلاثي هيغل — شتراوس — فيورباخ، من حيث المنهج الجدلي الهيغلي، ومن حيث وظيفية الفكرة وحاملها الاجتماعي عند شتراوس، وبنظرية فيورباخ القائلة إن الأفكار تعالج عبر تجسداتها. ومن دون هذا الثلاثي لم يكن ممكناً أن تولد الماركسية كمنهج وأفكار. لم يكن إنغلز ولينين على هذا الخط الفلسفي الماركسي، بل تأثرا بطغيان الفلسفة الوضعية على الجو الفلسفي الأوروبي العام وعادا إلى نظرة فلسفية للدين أقرب إلى المادية الفرنسية التي كان ماركس خارجها تماماً.

تأثر أتاتورك بـ **العلمانية الفرنسية**، ولم تكن علمانيته متساكنة مع الدين والمتديّنين. لم يتابع الماركسيون العرب كارل ماركس بل تأثروا بإنغلز ولينين. وفي كتاب: "**نقد الفكر الديني**" الذي قدّمه الدكتور صادق جلال العظم عام ١٩٧٠، هناك متابعة **للمادية الفرنسية**، وليس لماركس وفيورباخ وشتراوس وهيغل وكانط، حيث هناك معالجة للدين والشعائر الدينية واعتقادات وسلوكات المتديّنين من خلال مساطر العقل والعلم والمنطق الحسّي. ومع بدء صعود موجة تيار الإسلام السياسي منذ منتصف السبعينات توقّفت محاولات فكريّة مثل التي قام بها العظم، بل جرت محاولات لـ "**مواءمة**" الماركسية والإسلام مثل التي قام بها حسين مروة عام ١٩٧٨ في كتابه: "**النزعات المادية في الفلسفة العربية الإسلامية**".

الآن، مع بدء انحسار موجة تيار الإسلام السياسي منذ سقوط حكم "**الإخوان المسلمين**" في القاهرة وظهور وحشية "**داعش**"، هناك اتجاه عند الكثير من اليساريين والعلمانيين العرب، ومعظمهم من أبناء الأقليات الإسلامية والدينية وبعضهم من الأكراد الذين تنشأ عندهم ردود فعل الآن بفعل "**داعش**"، نحو بناء أفكار تجاه الإسلاميين والمتديّنين والإسلام ليس فيها شيء من كانط وهيغل وشتراوس وفيورباخ وماركس، بل فيها أفكار انطباعية انفعالية مبنية على السياسي المباشر، هي على مسافة كبيرة من العمق الفلسفي والفكري الذي هو إسمنت كل فكر سياسي.

* كاتب سوري

وثائقي فرنسي حول حياة "المتشدّدين الإسلاميين" يثير جدلًا إثر منعه على غير البالغين(⁵)

العالم

الجمعة، ١٢ فبراير/شباط ٢٠١٦

رفعت الشركة المنتجة لفيلم وثائقي فرنسي يحمل اسم **"سلفيين"** دعوتين لدى المحكمة الإدارية.

فرنسا (CNN) — رفعت الشركة المنتجة لفيلم وثائقي فرنسي يحمل اسم: **"سلفيين"** دعوتين لدى **المحكمة الإدارية** بباريس ضد قرار لوزارة الثقافة بحصر الفيلم للجمهور فوق ١٨ سنة، معتبرة أن القرار لم يستند إلى مبرّرات مقبولة، وأن الأفلام المحصورة لهذه الفئة غالبًا ما تكون أفلام العنف المبالغ غيه أو الرعب الشديد أو الأفلام الإباحية.

(⁵) موقع سي إن إن أرابيك – الرابط:
https://arabic.cnn.com/world/2016/02/12/salafistes-
french-documentary-about-radical-islam

فيلم "**سلفيين**" الذي أخرجه الصحفي الفرنسي فرانسوا مارغولين والصحفي الموريتاني لمين ولد السيد، يعرض مشاهد من حياة المنتسبين إلى الإسلام الراديكالي وكيف يتأثرون بالتنظيمات المتطرّفة، وقد صنفته وزارة الثقافة فيلماً عنيفًا في بعض مشاهده.

وقال بلاغ صادر عن محامي الشركة المنتجة للفيلم إن المنع الذي قامت به وزارة الثقافة يُقصي بشكل أوتوماتيكي الفيلم من العرض على القنوات التلفزيونية الفرنسية، بما أن القانون الفرنسي يمنع عرض الأعمال السينمائية والتلفزيونية المخصصة للبالغين في القنوات العمومية، رغم أن الفيلم مموّل في جزء مهم من قناتين عموميتين.

كما أن هذا المنع، يضيف البلاغ، يقصي الفيلم من العرض في المؤسسات التربوية، إذ كانت الشركة قد عقدت اتفاقًا مع مدراء عدة مؤسسات لعرض الفيلم أمام التلاميذ قصد تحسيسهم بخطورة ظاهرة الإسلام الراديكالي، بما أن هدف الفيلم الأوّل هو التحسيس والكشف عن الحقائق وليس الترويج لأفكار المتطرفين داخل المجتمع الفرنسي، وفق البلاغ.

ويعدّ هذا المنع هو الأول من نوعه الذي يطال فيلما وثائقيًا في فرنسا طوال الخمسين سنة الماضية، ويأتي أياما قليلة بعد تراجع السلطات الفرنسية عن منح رخصة العرض لفيلم حول حياة المثليين أخرجه سينمائي تونسي، ممّا اعتبر — حسب المتتبعين — ضربًا لحرية التعبير في فرنسا التي اشتهرت بتسامحها مع الأعمال الفنية والإبداعية والصحفية بعيدًا عن الرقابة.

غير أنه في الجانب الآخر، دافع فيه آخرون عن المنع الجزئي للفيلم بما أنه تضمن مشاهد دعائية لـ **تنظيم القاعدة**، وقالت وزارة الثقافة إن مخرجيْه لم يقوما بدمج تعليق يشرح خطورة هذه المشاهد، وفضلا تركها دون تحذير، كما أن الفيلم تضمن مشاهد من تطبيق الشريعة وهو ما يتناقض مع المبادئ **العلمانية الفرنسية**، الأمر الذي جعلها تحصره في فئة البالغين.

هولاند يتساءل حول الإسلام: هل فرنسا مستعدة

لاستقبال ديانة بهذه القوة؟!([6])

وأرفض حظر البوركيني

أصرّ الرئيس الفرنسي فرانسوا هولاند على "عدم تعارض القوانين العلمانية الفرنسية مع الأديان، وعدم استهداف العلمانية الفرنسية للأديان، ومنها الدين الإسلامي"، متحدثًا عن الإسلام يمكن أن يتعايش مع العلمانية، "كما تعايشت هذه الأخيرة مع الكاثوليكية، واليهودية، والديانات التي شهدت إصلاحات"، كما أكد رفضه سنّ قانون لمنع البوركيني.

وقال هولاند أمس الخميس في خطاب حمل عنوان: "الديمقراطية ضد الإرهاب" إنه "لا يوجد أي تأكيد على فكرة تعارض العلمانية مع ممارسة الشعائر الإسلامية في فرنسا"، غير أنه تساءل: "هل الجمهورية مستعدة فعلًا لأن تستقبل في كنفها ديانة لم تتوقع قبل أكثر من قرن أن

([6]) موقع جريدة الأهرام المصرية – الرابط:

http://islam.ahram.org.eg/NewsQ/29655.aspx

تبلغ هذا الحجم من القوة؟" وأجاب: "هنا أيضًا أقول نعم، بالتأكيد نعم".

ودافع هولاند عن المسلمين بالقول إنهم كانوا أول من سقطوا بسبب **"إرهاب داعش"**، متحدثًا عن أن **"المسلمين يؤدون كذلك ضريبتهم من هذا الرعب"**، مضيفًا: **"إرهابيو داعش انطلقوا في مقاولة مجنونة لاستعباد الناس باسم الله. فقبل أن يصلوا إلينا، استهدفوا المسلمين في كل مكان، وأصبحوا ضحايا لهؤلاء الإرهابيين"**.

وانتقل هولاند للحديث عن قضية ارتداء البوركيني، إذ أعلن رفضه لكل **"تشريع عرضي لا يمكن تطبيقه، ويتعارض مع الدستور"**، في إشارة منه إلى مطالب جزء من اليمين الفرنسي بقانون عام يمنع هذا الزي الذي ترتديه المحجبات أو تعميم منع ارتداء الحجاب في كل الأماكن العمومية.

رابط دائم:

http://islam.ahram.org.eg/NewsQ/29655.a

spx

نهاية العلمانية(⁷)

الأربعاء ٢٩ تشرين الثاني/ نوفمبر ٢٠٠٦

حين احتفل العالم بنهاية عصر الإيديولوجيات — في خمسينيات القرن العشرين أولاً، ثم على نحو أكثر حسماً وتوكيداً في التسعينيات — ما كان بوسع أحد أن يتنبأ بأن الدين، مأزق السياسة أثناء النصف الأول من القرن العشرين، قد يعود إلى لعب نفس الدور من جديد تدفعه الرغبة في الانتقام. كان دانييل بل ورايموند آرون قد كتبا عن نهاية الفاشية والإيديولوجية الشيوعية، وكلهما أمل في دخول العالم إلى عصر تحركه البراجماتية العملية حيث تصبح السياسة، وليس المعتقدات الإيمانية والنظرة الشمولية للعالم، موضوعاً للجدال والمناقشة. وكانت السيادة في ذلك الوقت للأسلوب الذي تناول به كارل بوبر السياسة، والذي اتسم بالحكمة والمنطق

(⁷) جريدة الغد الأردنية — الرابط:

http://www.alghad.com/articles/548448

والحوار النقدي. وحين بدت نهاية التاريخ قريبة، بعد انهيار الشيوعية، تصور الناس أن السياسات الإيديولوجية قد ولت إلى الأبد.

إلا أن التاريخ لا ينتهي، وهو عامر بالمفاجآت إلى الأبد. كان كتاب: "**نهاية التاريخ**" للمؤلف فرانسيس فوكوياما، وكتاب: "**صدام الحضارات**" للمؤلف صامويل هانتينجتون قد صدرا ولم يفصل بين صدورهما سوى ثلاثة أعوام أثناء فترة التسعينيات، وبعد ذلك بعقد من الزمان أصبحت عودة الدين إلى السياسة واضحة جلية لكل الناس — وهي العودة التي تسببت في معاناة العديد من الناس.

إن هذين الكتابين لا يشكلان مجرد مناقشة أكاديمية، بل إنهما يعكسان تطورات حقيقية. ففي إبان انهزام الأديان الزائفة التي سادت بها الإيديولوجيات الاستبدادية، كانت الأديان الحقيقية قد اختفت من المشهد السياسي منذ أمد بعيد. وفي بعض البلدان كان الولاء الرسمي للعقائد الدينية يُرْمَز إليه بالإشارات والطقوس. إلا أن أحداً لم يلق بالاً إلى ذلك حين كان رؤساء الولايات المتحدة على اختلاف انتماءاتهم العقائدية يؤدون قسم الولاء لله والوطن أثناء مراسم توليهم لمناصبهم. وفي ويستمنستر، مقر الحكومة البريطانية، تبدأ كل جلسة برلمانية بصلاة مسيحية يقودها متحدثون قد يكونون مسيحيين أو يهودا أو ملحدين. لم تكن كافة الأنظمة الديمقراطية على نفس القدر من الصرامة التي كانت عليها فرنسا في احترامها لعلمانيتها الرسمية، إلا أن كل تلك الأنظمة كانت علمانية: حيث توضع القوانين

بواسطة أشخاص ذوي سيادة وليس من قِبَل كيان أو مؤسسة أرقى من البشر.

ولكن، على حين غرة، لم يعد هذا الالتزام العلماني على ذلك القدر من الوضوح. فزعم الأصوليون المتدينون أن القانون لابد وأن يرتكز على الإيمان بكيان أعلى، أو يستند حتى إلى وحي إلهي. وفي الولايات المتحدة تمكنت الأصولية المسيحية من الهيمنة على شرائح ضخمة من الحزب الجمهوري. وفي أوروبا مارس الفاتيكان ضغوطاً شديدة لفرض الاعتراف بالله في الفقرة التمهيدية من **المعاهدة الدستورية الأوروبية** المقترحة. أما إسرائيل فقد حرصت منذ أمد بعيد على تجنب وضع دستور، وذلك بسبب خشية مواطنيها العلمانيين من نجاح اليهود الأرثوذكس في فرض قيمهم عليهم.

وعلى نفس المنوال، دخلت الشريعة الإسلامية إلى الحياة السياسية في أقل صورها استنارة في بلدان ديمقراطية واعدة مثل نيجيريا، ناهيك عن إيران. لقد انتشرت "**الأصولية الإسلامية**" في كافة البلدان التي تحتوي على أعداد كبيرة من المسلمين.

تُرى لماذا عاد الدين إلى السياسات العلمانية والديمقراطية؟

ربما كان السبب الأساسي وراء هذه العودة اهتزاز ثقة شعوب العالم المستنيرة في قيمها، بل وحتى في التنوير ذاته. لقد انتشر نوع من النسبية الأخلاقية، دفع العديد من الناس إلى قبول محظورات كافة الطوائف الدينية باسم التسامح والتعددية الثقافية. ففرض الحظر على نشر الرسوم

الكاريكاتورية التي تصف محمد، وألغي عرض أوبرا آيدومينيو للموسيقار موتسارت بهدف تجنب الإساءة إلى المشاعر الدينية؛ وفي النهاية، حين نشرت الرسوم وعرضت الأوبرا، أصبح ذلك بمثابة استعراض يكاد يكون مقصوداً للإساءة. ربما يستطيع المرء أن يفهم أن المؤمنين المستنيرين في الإسلام (وهم كُثُر) قد يشعرون بالانزعاج والضيق حين يدركون أن العالم الذي تركوا من أجله أوطانهم هو في الحقيقة عالم هش ضعيف.

إن عودة الدين إلى السياسة — والحياة العامة — تشكل تحدياً خطيراً لحكم القانون الديمقراطي الموضوع والحريات المدنية التي تستمد قوتها من ذلك القانون. ومن هنا تتبين أهمية الاستجابة من جانب المجتمعات المستنيرة. وربما يكون من الصواب أن يصبح استخدام الرموز الدينية موضوعاً للمناقشات العامة، على الرغم من أنني أتصور أن ارتداء غطاء الرأس، بل وحتى ارتداء النقاب هو في النهاية جزء من الحرية الفردية تماماً كما هي الحال مع وضع القلنسوة اليهودية على الرأس أو التحلي بالصليب المسيحي.

ولكن هناك العديد من القضايا التي تستحق قدراً أعظم من الاهتمام، وعلى رأسها قضية **حرية التعبير**، بما في ذلك حرية التلفظ بأشياء أو كتابة كلمات قد تزعج، بل وحتى تغضب العديد من الناس. وفي سعينا إلى التوصل إلى الحوار المستنير، فلابد وأن نرسم حدود التعبير الحر بصورة عريضة قدر الإمكان. ففي العالم الحر ليس هناك ما يجبر الناس على قراءة جريدة ما أو الاستماع إلى خطاب قد يجدون فيه ما يكرهونه، كما أنهم يستطيعون أن يعارضوا دون خشية كل ما يقوله أي شخص في مركز سلطة.

إن موضة مناهضة التنوير السائدة اليوم قد يفلت زمامها من بين أيدينا بسهولة. ولابد وأن يتعلم هؤلاء الذين يلتزمون بالحرية كيف يقدرون هذه الحرية قدر حقها وأن يتصدوا للدفاع عنها الآن، قبل أن يضطروا ذات يوم إلى النضال في سبيل استردادها.

رالف دارندورف مؤلف العديد من الكتب والمفوض الأوروبي الأسبق من ألمانيا، وهو عضو في مجلس اللوردات البريطاني، والرئيس الأسبق لكلية لندن لعلوم الاقتصاد، والأمين العام الأسبق لكلية سانت أنطونيو في أكسفورد.

خاص بـ "الغد" بالتنسيق مع بروجيكت سنديكيت

موقع استرالي: حرب فرنسا والإسلام "وجودية" (٨)

الخميس ٢٨ يوليه ٢٠١٦

كتب – علاء المطيري:

قال موقع "كونفرسيشن أفريقيا" – موقع إخباري وبحثي مقره أستراليا وله فروع في بريطانيا وأمريكا – إن الحرب بين وفرنسا العلمانية حرب وجودية، مشيرة إلى أن قتل كاهن كنيسة كاثوليكية صباح يوم ٢٦ يوليو

---

(٨) موقع مصراوي الإخباري – الرابط:

http://www.masrawy.com/News/News_Various/details/2
016/7/28/908377/%D9%85%D9%88%D9%82%D8%B9-
%D8%A3%D8%B3%D8%AA%D8%B1%D8%A7%D9%84%D9
%8A-%D8%AD%D8%B1%D8%A8-
%D9%81%D8%B1%D9%86%D8%B3%D8%A7-
%D9%88%D8%A7%D9%84%D8%A5%D8%B3%D9%84%D8%
A7%D9%85-
-%D9%88%D8%AC%D9%88%D8%AF%D9%8A%D8%A9

الجاري بالقرب من مدينة روان أحدث صدمة جديدة لفرنسا التي تتفاخر بعلمانيتها، وأنه يجب عليها أن تتصالح مع المسلمين فكريًا لهزيمة عسكريًا.

وأوضح الموقع إلى أن تلك الحرب الوجودية ─ حرب البقاء بين فرنسا العلمانية والإسلام ─ بدأت منذ نهايات ثمانينيات القرن الماضي عندما بدأت نقاشات مثيرة للجدل قادها مفكرين ومشاهير لحث متابعيهم على الدفاع عن قيم فرنسا العلمانية ضد الإسلام، لكنهم تكن جزءًا من تلك المعركة وانحازت بدلاً من ذلك إلى احترام الممارسات الدينية الإسلامية.

إدارة العمليات الوحشية

وقال الموقع: **"لكن الدين مازال يستحوذ على مساحات كبيرة في العديد من المجتمعات"**، مشيرًا إلى أن تتابع الهجمات التي تقوم بهافي فرنسا بصورة سريعة يشير إلى أنتقوم بإدارة العمليات الوحشية التي تنفذها باستراتيجية قوامها أن فرنسا هدف أساسي في حربها ضد ما تُطلق عليه "قوى الشر"".

وتابع أن تلك الاستراتيجية تم انتشارها عام ٢٠٠٤ في كتيب يستند إلى أسلوب فرع القاعدة في العراق، حيث يتم استنزاف أعدائها بهجمات تعرضهم للانهاك بداية من الهجمات إلى المذابح والتفجيرات، مشيرة إلى أن ذلك يدل على أنتستخدم أساليب الحرب النفسية في ذات الوقت الذي تستخدم فيه الأساليب العسكرية.

وتضمن تلك الاستراتيجية تنفيذ هجمات في كل مكان وفي أي وقت بصورة تزعزع استقرار الدول وتجعل مواطنيها ينتظرون الموت في كل لحظة وفي جميع أنحاء الدولة، مشيرة إلى أنها تتبع أسلوب العمليات الموجية التي لا يمكن رصد بدايتها أو توقع نهايتها لخلق أعلى مستويات الرعب بين التجمعات البشرية.

وهذه الاستراتيجية – التي تتبناها – تمتلك رؤية ثنائية للعالم، حيث لا يعرف مقاتليها الرحمة أو المهوادة والهدنة في حربهم لتدمير قوى الشر، ووفقًا لهذه الرؤية فإن الغرب لا يوصف بأنه عدوٌ عسكري بالصورة المبسطة بل يمثل تجسيدًا لقوى الشر بسبب أخلاقه وسياساته الفاسدة وانحطاطه الأخلاقي وشره الذي يهدد أرواح المسلمين في كل مكان.

ووفقًا لرؤية فإن كل من الدول الغربية الديمقراطية والدول ذات الأغلبية المسلمة محكومة بقادة فاسدين يديرونها بأساليب الغرب.

وبهذا المعنى فإن الغرب لا يتم تناولها في سياق الجغرافيا السياسية، لكنه بمثابة كلمة لوصف مرجعية ثقافية، وأسلوب حياة غير أخلاقية ومعبرة عن مفهوم الإلحاد، ورغم ذلك فإنها تضمن أيضًا اليهود والمسيحيين الذين يهددون بتدمير الإسلامي في كل مكان وفقًا لرؤيتهم.

الدفاع عن العلمانية

تمتلك فرنسا مكانة متميزة في النظرة العالمية للعلمانية لأنها تمتلك نسخة من العلمانية لا توفر لأي علامات دينية إلا مساحة محدودة جدًا في

مناحي الحياة بها، وهذه ما كان نتيجته دفع كل الممارسات الإسلامية ومواجهتها خاصة فيما يتعلق بملابس النساء، وفي نفس الوقت تبدي بعض المرونة فيما يُخص ملابس الراهبات الكاثوليك التي غالبًا ما ترتبط بالثقافة الفرنسية.

ولفت الموقع إلى أنه شيء ساخر نالتها **العلمانية الفرنسية** منذ نشأتها التي قامت عقب الفصل بين الدولة والكنيسة عام ١٩٠٥ وأبعدت سلطةالمنتقدة في حينها.

فالتمييز ضد الممارسات الدينية الإسلامية في موجود في أوروبا بصورة عامة، لكنه مختلف إلى حد ما في فرنسا التي تقوم بإجراءات ممنهجة ضد الممارسات الإسلامية.

في عام ٢٠٠٤ منع القانون جميع العلامات الدينية من المدارس، وكان الهدف استبعاد الحجاب من المدارس وامتد الأمر إلى حظر النقاب بصورة كاملة في الأماكن العامة عام ٢٠١٠.

وبهذا المفهوم، فإن **العلمانية الفرنسية** يتم تناولها من قبل السياسيين في اليمين واليسار على أنها الدعامة الرئيسية للهوية الفرنسية ويحتاجون إليها للمواجهة مع الإسلام، ويتحدثون في خطاباتهم أن المشكلة لا تمكن في المحافظين في حد ذاتهم أو التوجه السياسي الإسلامي وإنما في الإسلام نفسه.

المصالحة

تلك الحرب الوجودية بين القيم الأساسية للغرب والإسلام تحدث في كل مكان بأوروبا، لكنها تصل إلى ذروتها في فرنسا، حيث أصبح المسلمون في فرنسا بمثابة أعداء داخليين للدولة التي ترى أنهم يمثلون خطرًا على العلمانية.

وينظر أيضًا للمسلمين الفرنسيين كأعداء خارجيين بسبب الحرب ضد الإرهاب وصعود الإسلام المتشدد.

وفي ظل تلك الظروف، فإن أي ممارسات إسلامية يتم النظر إليها على أنها غير شرعية، ومما لا شك فيه أن الهجمات المتوالية التي شهدتها فرنسا في الآونة الأخيرة يمكن أن تؤدي إلى تفاقم هذا الشعور.

ولفت الموقع إلى أن جميع المسلمين — حتى لو لم يكونوا متدينين — سيتأثروا بما تقوم به الحكومة الفرنسية للحفاظ على العلمانية، حيث أظهرت الأبحاث أن هناك عوامل أخرى تؤدي إلى تفاقم الوضع وتؤدي إلى ضعف التكامل الاجتماعي والاقتصادي وربما تمتد للتمثيل السياسي.

ولذلك فمن غير المفاجئ للبعض — بمن فيهم المرتدين دينيًا — أن يسردوا روايات تجعل الإسلام جيد وتصف الغرب بالشيطنة، حيث تقوم حربها تحت مسمى: "**الخلافة**" التي يكون هدفها أثر عقول الشباب وتحويل طاقتهم وإيمانهم إلى أسلحة مميتة يستخدمونها ضد ما يرون أنهم جيوش الشيطان.

ولفت الموقع إلى أن استراتيجية وفكرها يمثل جاذبًا للشباب وخاصة من شمال أفريقيا حيث يواجهون صعوبات كثيرة بداية من البطالة والتعليم والعلاقات بين الجنسين، وهذا يعني أن فرنسا أصبحت ساحة معركة كبرى تعكس حقيقة المواجهة بين الإسلام والغرب.

وتابع: **"يرى الجهاديون الغرب العدو الأول للإسلام، ويرى المتشددون العلمانيون في فرنسا أن الإسلام هو عدو الغرب"**، مضيفًا: **"لذلك فإن المصالحة بين الإسلام والغرب لا تعنى هزيمةعلى الأرض، لكن بتقليص قدرتها على الظهور في صورة الفكر الذي يقف في وجه الغرب"**.

وختم: **"يجب على قادة فرنسا السياسيين والدينيين أن يركزوا على وصول تلك الغاية لتحقيق المصالحة بين الإسلام والدولة الفرنسية"**.

الإسلام والعلمانيّة: ملاحظات أوليّة حول موقف محمد أركون(9)

١١ يناير ٢٠١٦

بقلم الزواوي بغورة

احتلت العلمانية مكانة مركزية في مشروع محمد أركون. يؤكد هذا مجموع الدراسات التي خصها منذ بداية مشروعه الذي اصطلح عليه في

---

(9) موقع مؤمنون بلا حدود – الرابط:
http://www.mominoun.com/articles/%D8%A7%D9%84
%D8%A5%D8%B3%D9%84%D8%A7%D9%85–
%D9%88%D8%A7%D9%84%D8%B9%D9%84%D9%85%D8%
A7%D9%86%D9%8A%D8%A9–
%D9%85%D9%84%D8%A7%D8%AD%D8%B8%D8%A7%D8
%AA–%D8%A3%D9%88%D9%84%D9%8A%D8%A9–
%D8%AD%D9%88%D9%84–
%D9%85%D9%88%D9%82%D9%81–
%D9%85%D8%AD%D9%85%D8%AF–
%D8%A3%D8%B1%D9%83%D9%88%D9%86–3483

البداية بمصطلح: **"الإسلاميات التطبيقية"**، سيراً على نهج روجيه باستيد في كتابه: **"الأنثربولوجيا التطبيقية"**، ثم بمصطلح: **"العقل الإسلامي"** تماثلاً وتقابلاً مع **"العقل العربي"** للجابري. ولمناقشة بعض أفكاره حول العلمانية فإننا سننظر في العناصر الآتية:

أولاً: في مفهوم العلمانية

منذ أبحاثه الأولى قدّم محمد أركون مخططاً نظرياً يتكون من أربعة عناصر هي:

١. التجربة التأسيسية وظهور العقل الإسلامي ومصلحة/ عقل الدولة ٦١٠ –.٦٦١

٢. العلاقة بين الدين والدولة والدنيا.

٣. انفجار العلاقة بين الدين والدولة والدنيا.

٤. الإكراهات المتراكمة والتجاوز المطلوب (١٩٨٢).

وحلل هذا المخطط العام في الدراسات المبينة أدناه[١]، وأشار إليه بشكل مباشر أو غير مباشر في مختلف نصوصه، وعمل على تفكيك نصوص التراث الإسلامي المؤسسة منها والشارحة من خلال الإجابة عن السؤال الآتي: **"كيف تتبدى لنا العلاقة بين الدين والسياسة في القرآن وفي عمل النبي"**[٢]؟ وأجاب عن ذلك بخطوة منهجية تمثلت في ضرورة: "اختراق هذا الحجاب السميك من المفردات والتشكيلات التيولوجية والحكايات التاريخية – الميثولوجية والممارسات الشعائرية، ثم المؤسسات التي أدت تدريجياً إلى

ولادة الإسلام السنّي والشيعي والخارجي بكل تلويناتها الحنفية والحنبلية والزيدية والإسماعيلية، إلخ... "[٣].

ومن خلال تحليل مفهوم السلطة في القرآن، خلص إلى "**أنّ المعاني التي قد كررت ورددت دون ملل أو تعب في القرآن، قد أوجدت ورسخت سيادة عليا متعالية، هي تلك السيادة المتعلقة بالله الواحد، الحي، المتكلم إلى البشر (...). هذه السيادة هي التي سوف تسوغ وتشرع السلطة السياسية للنبي ولخلفائه من بعده**"[٤].

من هنا، فإنه لا يمكن الحديث عن العلمانية ما لم يتم تفكيك مسألة السيادة العليا والسلطة السياسية التي تتماثل مع مسألة المعرفة والسلطة كما صاغها ميشيل فوكو، وذلك من أجل: "**إعداد نظرية شاملة للروابط بين الدين والسياسة من خلال النموذج الإسلامي**"[٥].

ووفقا لتحليله، فإنّ التراث الإسلامي قد سارع إلى تحويل الفترة النبوية والفترة الخاصة بالخلفاء الراشدين إلى عصر أسطوري وتأسيسي. كما أصبحت السلطة المنبثقة عن الأحداث الدامية التي عرفتها الخلافة تمتلك وتدير الأوضاع وتحافظ على النظام القائم بواسطة الإكراه والتقييد. وعندما تلجأ إلى الإقناع فإنّ هذه السلطة تخفي الآليات والرهانات الحقيقية من أجل إنتاج أيديولوجية تبريرية تستخدم قليلاً أو كثيراً المصادر الأساسية للسيادة العليا وتستفيد ممّن يمتلكونها بالفعل[٦].

تتكون السيادة العليا من ثلاثة عناصر هي:

١. الأيديولوجية من أجل الشرعية.

٢. الأسطورة من خلال شخصيات نموذجية كبرى للسيادة العليا.

٣. الشخصية الأصلية كأنموذج مثالي. ويعتقد أركون أنّ هذا الجانب هو الأكثر عمقاً في مسألة السيادة العليا.

وفي تقديره، فإنّ علاقة السيادة العليا بالسلطة السياسية قد تحققت في مرحلة تدوين العلوم العربية. يقول:

"لتوضيح السيادة العليا وبلورتها احتاجت الدولة لكل السيادة التقنية أو العلوم التقنية الخاصة الإخبارية (عالم الأخبار وعالم اللغة والنحويّ وعالم الكلام التيولوجي الفقيه). إنّ الفضائل والخصال المتجمعة تحت مفهوم العدالة (محدث عدل) كانت تمثل الشرط المشترك والضروري المطلوب توافره في كل ناقلٍ أو قاضٍ أو مجتهد أو إمام أو خليفة. هنا نجد أنفسنا إزاء مجموعة ذات مغزى ودلالة من الصفات والوظائف وأنواع السلوك الخاصة بمفهوم السيادة العليا في الإسلام"[٧].

لا يمكن الفصل بين السيادة العليا والسلطة السياسية، مثلها مثل المعرفة والسلطة، وذلك على الرغم من تمايزهما واختلافهما. يقول: **"إنّ السيادة والسلطة (...) شيئان مترابطان، وأزمة إحداهما تؤدي إلى أزمة الأخرى"**[٨]. وعبّر عن الفكرة نفسها في موضع آخر بقوله: **"إذا استطعنا أن نفهم كيف يتمفصل ويتعاضد عقل إسلامي معين مع عقل/ مصلحة**

دولة منذ بداية ظهورهما في طور التجربة التأسيسية، فسوف يكون سهلاً علينا فيما بعد أن نتتبع المغامرات الديالكتيكية لهذين العقلين في السياقات الاجتماعية –الثقافية الشديدة التنوع"[٩].

بعد هذه التحديدات الأولية، حاول أركون كتابة تاريخ العلاقة بين السيادة العليا والسلطة السياسية، تاريخ شبيه بذلك التاريخ الذي تحدث عنه ميشيل فوكو في التراث الغربي والخاص بالقياس في المرحلة اليونانية، والتجريب في عصر النهضة، والسؤال في العلوم الإنسانية في العصر الحديث، بحيث رسم تاريخاً لتلك العلاقة القائمة بحضور النبي وهيبتها كانت من هيبته التي كانت بادية للعيان مع حضور مباشر للخطاب القرآني. وبعد موته تفرعت هذه السيادة إلى فرعين: القرآن والحديث، وبعد جمعهما وكتابتهما شكّلا بحموعة نصية ضخمة من التراث الكتابي المقدّس، وستستغل الدولة هذا المعطى لتمارس سلطتها.

يظهر هذا التوجه في التجربة التأسيسية والدولة الأموية ثم الدولة العباسية، لكن مع فارق في الأولوية المعطاة لأحد العنصرين. لقد كانت السيادة الروحية خلال المرحلة التأسيسية سابقة على السلطة السياسية، ولكن في المرحلة الثانية، أي زمن الأمويين والعباسيين، أصبحت السلطة السياسية هي التي تتلاعب بالسيادة العليا. ولأنّ هذه المسألة ليست مقطوعة عمّا يجري اليوم في المجتمعات الإسلامية، فإنّ أركون ناقشها ضمن مظهرين أساسيين هما: العلمنة، وإعادة تقييم الإسلام باسم الحداثة.

يربط أركون بين العلمنة والحداثة سواء من حيث التعريف أو التحليل. فالحداثة عنده هي: **"موقف للروح أمام المناهج التي يستخدمها العقل للتوصل إلى معرفة ملموسة للواقع"**[١٠]. والعلمانية: **"هي موقف للروح وهي تناضل من أجل امتلاك الحقيقة أو التوصل إلى الحقيقة"**[١١]، وذلك من خلال وظيفتين: الأولى كيف نعرف الواقع بشكل مطابق وصحيح؟ والثانية خاصة بدور المدرسة، أو كما قال: **"هكذا أفهم العلمنة: أقصد العلمنة المعاشة كتوتر مستمر من أجل الاندماج في العالم الواقعي، وتساعد على نشر ما نعتقد أنه حقيقي في الفضاء الاجتماعي"**[١٢]، أو هي: **"موقف محدد للإنسان أمام مشكلة المعرفة"**[١٣]. وما عدا هذه المعاني، فإنّ العلمانية تصبح: **"رهاناً سياسياً بائساً"**[١٤].

وتختلف الحداثة عن التحديث الذي لا يعدو أن يكون إجراء شكلياً أو خارجياً لا يرافقه أي: **"تغيير جذري في موقف المسلم للكون والعالم"**[١٥]. ولكن ما يجب التنويه إليه هو عدم وجود حداثة واحدة في التاريخ، فالإسلام في زمانه كان يشكل حداثة ويمثلها، كما أنها لا تخضع في تقدمها إلى نوع من الخط المستقيم، ولا يجب النظر إليها من خلال التقدم في الزمن أو التسلسل الخطي وهو ما يؤدي إلى فكرة انعدام نموذج واحد وأحادي للحداثة، ويفتح المجال بالتالي للاختلاف والتجديد والإبداع، على أن تكون عملية متكاملة فكراً وتقنية، لأنها تعبير عن: **"الموقف المتوتر**

واليقظ الذي تقفه الروح البشرية أمام الواقع والتاريخ الذي يولده البشر في المجتمع أو على هيئة المجتمع"[١٦].

وإذا كانت الحداثة تتميز بأشكالها التاريخية فكذلك الحال بالنسبة للعلمانية. ولأنّ أهم جانب تظهر فيه الحداثة هو الموقف من العلمنة التي لا يجب اختزالها إلى مجرد التفريق البسيط بين الشؤون الروحية والشؤون السياسية. وهذا يعني أنّ العلمنة تفيد ما ذهب إليه عالم الاجتماع الألماني ماكس فيبر وهو رفع الغلالة السحرية عن العالم، ثم لأنّ تفريقاً كهذا في نظر أركون موجود عملياً في كل المجتمعات حتى عندما ينكر وجوده ويحجب بواسطة المفردات الدينية. وبهذا المعنى، فإنّ المجتمعات الإسلامية منخرطة في: (تاريخ علماني معلمن)، وحتى الحركات الإسلامية التي تنادي بالعودة إلى الأصول وتعمل على إقامة الدولة الدينية فإنها: **"علمانية في حياتها اليومية ومهنها ووظائفها وحاجياتها الأساسية"**[١٧]. وعليه، فإنّ المشكلة بالنسبة إليه ليس في غياب واقع علماني في المجتمعات الإسلامية، وإنما المشكلة تكمن في انعدام: **"نظرية معقولة ومقبولة عن ظاهرة التقديس والعامل الروحي والمتعالي والأنطولوجيا"**[١٨]. بالإضافة إلى فراغ ثقافي مهول يمنع من انتشار ثقافة علمانية وحوار وصراع الأفكار في هذه المجتمعات.

والواقع، أنه على الرغم من مراكمة هذه المجتمعات للوسائل المادية الحديثة، فإنّ ثقافتها وفكرها مازال تقليدياً، مع أنّ مستقبل العلمنة سيعتمد دون أدنى شك على الحداثة العقلية أو الفكرية. من هنا جاءت مساهمته الفكرية في قضية العلمنة والعلمانية، ومشروعه المسمّى (نقد العقل الإسلامي)

إنما هو محاولة لـ(علمنة الإسلام). ويمكن أن نوجز مفهومه للعلمانية في النقاط الآتية:

١. ينطلق أركون من فرضية أساسية هي: **"أنّ العلمنة لا يمكن لها أن تكون غائبة عن التجربة التاريخية لأيّة جماعة بشرية حتى ولو تجلت في صور ضعيفة وغير مؤكدة"**[١٩]. ويفهم من العلمنة كما قال: **"العلمنة كما نفهمها تتركز في مجابهة السلطات الدينية التي تخنق حرية التفكير في الإنسان ووسائل تحقيق هذه الحرية"**[٢٠].

٢. يتطلب مناقشة العلمانية طرح مسألة الخلافة كما طرحها علي عبد الرازق، وكذلك في ضوء الإنثربولوجيا السياسية، وضرورة ربطها بالخليفة والإمام والسلطان. يقول أركون: **"هكذا نلاحظ أنّ معاني المصطلحات واضحة الاختلاف. إنّ المصطلحين الأولين يتضمنان مسؤوليات روحية وزمنية، في حين المصطلح الثالث يعني فقط ممارسة السلطة المكتسبة عن طريق القوة. هكذا نكون قد حققنا التمييز ما بين الخلافة والسلطنة اللتين كثيراً ما يخلط بينهما، وذلك بسبب أنّ السلاطين الأتراك كانوا قد ادّعوا ميراث الخلافة"**[٢١].

٣. الدولة الأموية أو العباسية دولة علمانية وليست دولة دينية. أمّا التنظير الأيديولوجي الذي قام به الفقهاء فيعتبر إنتاجاً عرضياً محكوماً بظروف وقته، والهدف منه تغطية واقع سياسي وتاريخي معين بمحاجات دينية ذات

مصداقية. وقد قامت القوة العسكرية في وقت مبكر بدور كبير في نظام الخلافة ونظام السلطنة وكل أشكال الحكم اللاحقة المدعوة إسلامية.

٤. إنّ محاولات عقلنة العلمنة الممارسة واقعاً في المجتمعات الإسلامية، ولكن غير المنظر لها، وتطوير موقف علماني كانت قد حصلت من قبل الفلاسفة المسلمين في الماضي: ابن المقفع، الجاحظ، المعتزلة. لهذا السبب ينبغي كتابة تاريخ جديد للفكر العربي — الإسلامي.

٥. إنّ أشكال الإسلام المدعوة مستقيمة أو أرثوذكسية (كالاتجاه السني أو الشيعي أو الخارجي)، أي الأشكال التي تحتكر (الإسلام الصحيح)، هي عبارة عن انتقاء وتوظيف أيديولوجي لمجموعة من العقائد والأفكار والممارسات المقدمة والمصورة على أساس أنها دينية.

٦. ينبغي إعادة فحص مكانة العامل الديني والتقديسي والوحي ودراستها على ضوء النظرية الحديثة في المعرفة.

٧. كل الأنظمة السياسية التي ظهرت في المجتمعات العربية والإسلامية بعد تحررها من الاستعمار هي أنظمة علمانية بحكم طبيعة الأشياء أو علمانية واقعاً وتسيطر عليها النماذج الغربية في الإدارة والحكم، ومقطوعة عن النظرية الكلاسيكية للمشروعية العليا الدينية وعن الحداثة العقلية في آن معاً.

٨. إنّ العلمانية بهذه الصفة المطروحة، أي باعتبارها مصدراً للحرية الفكرية وفضاء تنتشر فيه هذه الحرية من أجل افتتاح نظرية جديدة في ممارسة

السيادة العليا والمشروعية هي إمكانية ينبغي الشروع فيها كذلك داخل المجتمعات الغربية الأوروبية المعاصرة أيضاً[٢٢].

٩. من شروط الحداثة تحقيق العلمانية أو ضرورة الفصل بين السيادة الروحية العليا والسلطة السياسية، مع ضرورة التمييز بين العلمانية كمكسب من مكاسب الحداثة والعلمانية الأيديولوجية بحيث يجب الأخذ بالأولى وترك الثانية، أو كما قال: "أنا اعتقد أنّ الفكر العلماني المنفتح والممارس بصفته موقفاً نقدياً تجاه كل فعل من أفعال المعرفة، وبصفته البحث الأكثر حيادية والأقل تكويناً من الناحية الأيديولوجية من أجل احترام حرية الآخر وخياراته هو أحد المكاسب الكبرى للروح البشرية"[٢٣]. وانطلاقاً من هذا الفهم، انتقد أركون تجربة أتاتورك رغم تثمينه لها، لأنّها جعلت تركيا تدخل عصر الحداثة، ولكن أتاتورك في نظره كان محكوماً بنمط معين من الإسلام هو إسلام القرن التاسع عشر، وبنمط معين من العلمانية ذات المنزع الأيديولوجي وليست العلمانية ذات المنزع العلمي والفكري.

١٠. إذا كانت الحداثة مشروطة بالعلمانية فإنّ العلمانية مشروطة هي الأخرى بحقوق الإنسان. وفي تقديره، فإنّ حقوق الإنسان تبدأ عندما نتوقف عن التمييز بين المؤمن والكافر وبين المسلم وغير المسلم، فكل واحد من هؤلاء إنسان وله حقوق بصفته تلك. وتعتبر هذه المسألة من المسائل غير المفكر فيها في الفكر الإسلامي. وأنّ ما يُعقِّد مسألة حقوق الإنسان في المجتمعات العربية والإسلامية هو الكيفية والطريقة التي تشكلت بها الأنظمة السياسية القومية بعد الاستقلال، تلك الكيفية التي تعرقل عملية تطبيق الحد

الأدنى من حقوق الإنسان واحترامها بالشكل اللازم، لذلك رأى أنّ مسألة حقوق الإنسان في المجتمعات العربية والإسلامية من المسائل الأساسية التي يجب أن يتحملها الفكر الإسلامي المعاصر. صحيح أنه مع ظهور الإسلام ظهرت بوادر لحقوق الإنسان، إلا أنه يجب أن نعرف الطابع الجديد لهذه الحقوق بعد الثورة الفرنسية. وإذا كان أصحاب القرار في المجتمعات الإسلامية يحاولون محاكاة الغرب في هذه المسألة وفي الوقت نفسه الاختلاف عنهم، فإنهم لم ينتبهوا إلى أنّ ظاهرة **الثورة الفرنسية** تمثل قطيعة تفصل العصور الحديثة عن العصور القديمة، وأنّ هذه القطيعة **"أصابت المستوى الرمزي والديني في الصميم، ولم تصب فقط القطاعات السياسية والاقتصادية والاجتماعية من حياة المجتمع"**[٢٤].

ثانياً: ملاحظات أولية

لا يغطي التحليل السابق مختلف عناصر مفهومي العلمانية والعلمنة عند أركون، ولكنه يقدم العناصر الأساسية التي تسمح في تقديرنا بمناقشته على ضوء التطورات التي عرفها مفهوم العلمانية. ويمكن حصر هذه المناقشة في النقاط الآتية:

شدد أركون في مفهومه للعلمانية[٢٥] على ثلاثة عناصر هي: حرية الفكر، والمدرسة الحرة، وأولوية العقل، بحيث تصبح العلمانية بمثابة نظرية في المعرفة. والعنصران الأول والثاني يحيلان، ولو بطريقة غير مباشرة، إلى المادة الحادية عشرة من بيان **الثورة الفرنسية**: بيان حقوق الإنسان والمواطن[٢٦]، وكذلك إلى الاستعمال القاموسي الذي أدخله فردينان بويسون

٥٧

(Ferdinand Buisson) في العام ١٨٨٣، وفي كتابيه: "المدرسة اللائكية"، و"الأخلاق اللائكية" حيث جمع بين المعنى الزمني أو الدنيوي أو العلمنة (laïcisation/sécularisation)، وبين العلمانية من حيث هي حرية الفكر، مع الإعلاء من قيمة العقل أو القول بسيادة العقل.

وفي هذا السياق يجب أن نشير إلى أنّ بويسون يرى أنّ العلمانية عملية تاريخية تتفق والخروج من الحكم الديني (الثيوقراطية)، وتتشكل من عنصرين متلازمين هما الفصل بين الفضاءات والمؤسسات الاجتماعية والسياسية، وتحرر هذه الفضاءات والمؤسسات من الحكم الديني بحيث يصبح الدين نفسه مجالاً خاصاً ومحدداً. وفي تقديره، فإننا نستطيع الحديث عن العلمانية عندما تبلغ عتبة معينة. وتطبيقاً لذلك، ذهب إلى القول إنّ تلك العتبة لم يتم بلوغها قبل ثورة ١٧٨٩. لماذا؟ لأنّ الدين في صورته الكاثوليكية كان يؤثر في مختلف الفضاءات الاجتماعية والسياسية، ويفرض من قبل السلطة، ثم بلغت العلمانية تلك العتبة عندما قامت الثورة وتمّ الإعلان عن حقوق الإنسان والمواطن، بحيث تمّ استبدال السيادة الشعبية بمبدأ القانون الإلهي مع إقرار حرية الضمير والمساواة والتمييز بين المواطنة وبين الانتماء الديني. وعليه، فإنّ العلمنة كانت قبل الثورة تشكل نوعاً من الفصل المتمثل في استعمال الدين لأغراض سياسية، وأنّ الدولة بعد الثورة وبالنظر إلى شدة الصراع بين أنصار الثورة وأنصار الكاثوليكية لم تتمكن من تطبيق العلمانية، وإنما قامت ببعض الخطوات التي توصف بالحق الملكي أو حق الدولة (régalisme)، أي أنّ من حق الدولة أن تراقب الدين وتفرض في الوقت

نفسه نمطاً دينياً معيناً، ويستعمل لهذا الغرض اسم في فرنسا اسم: الغاليكانية (27)[gallicanisme].

يعني هذا أنّ أركون يعيد بطريقته الخاصة وبشكل غير مباشر مخطط بويسون، ومن جهة أخرى يستبعد معاني أخرى ملازمة للعلمانية في سياقها الفرنسي، ومنها ما ذهب إليه جيل فيري (Jul Ferry) من أنّ العلمانية تعني مناهضة الإكليروس أو الكنيسة، أو تعني الحياد، حياد الدولة، ولكن يجب فهم الحياد في ذلك الوقت كنوع من الدفاع عن العلمانية، والاستقلال تجاه كل الطوائف الدينية.

٢. يطرح العنصر الثالث الخاص برفع العلمانية إلى مستوى نظرية المعرفة مشكلات وأسئلة إبيستمولوجية، ومنها: على أي أساس يتم تحويل مفهوم سياسي كمفهوم العلمانية إلى مفهوم معرفي؟ وإذا كانت العلمانية تقتضي إعطاء الأولوية للعقل، فهل هذه الأولوية نظرية أم عملية؟ وعلى أي أساس يتم الربط بين العلمانية والحقيقة، أو كما قال: **"العلمانية موقف للروح وهي تناضل من أجل امتلاك الحقيقة أو التوصل إلى الحقيقة"** أو **"نعرف الواقع بشكل مطابق وصحيح"**[٢٨]. فما هي هذه الحقيقة التي ترتبط بها العلمانية؟ وأي واقع تتطابق معه؟ وهل عدم اتخاذ العلمانية مقاربة يحول دون التوصل إلى الحقيقة والتطابق مع الواقع؟ لا يلتفت أركون إلى هذه الأسئلة رغم أهميتها، وإنما اكتفى بعرضها كبدهيات عامة.

٣. إذا كان يحق لأركون أن ينتقي المعنى المناسب لمشروعه، فإننا نعتقد أنّ استبعاده لواحد من المعاني الأساسية للعلمانية هو أمر يجانب الطرح

الموضوعي للمسألة، وبخاصة أنه يستحضره في تحليله لتاريخ العلمنة في الإسلام. ونعني بذلك أنّ العلمانية تعني الفصل بين الدولة والدين، وأنّ تأسيس وتنظيم الدولة لا يقوم على الأساس الديني، وهو ما سبق أن أقرته نظريات العقد الاجتماعي والميراث الليبرالي. وهذا يعني أنّ العلمانية لا يمكن فصلها عن الديمقراطية الليبرالية، وعن سياق تاريخي وثقافي معين يمكن تشخيصه في ثلاثة معالم:

المعلم الأول هو ارتباط العلمانية بالحداثة والعقلنة ونزع الغلالة السحرية عن العالم وتراجع النظرة أو الرؤية الدينية للعالم، وهو ما توقف عنده ماكس فيبر وبينه مارسال غوسيه، والمعلم الثاني هو ضرورة التمييز بين التقليد الأوروبي والأمريكي في مفهوم العلمانية، وبخاصة في مسألة تحديد العلاقة بين الدين والسياسية، فمنذ القرن التاسع عشر بيّن ألكسي دو توكفيل أنّ ما يميز النظام الأمريكي هو حضور الدين في المجتمع، بل يمكن القول إنّ الدين يُعدّ عاملاً أساسياً في التجربة السياسية الأمريكية، ولكن ما يجب الإشارة إليه هو أنّ الدين في أمريكا يعرف حدوده، أو يضع لنفسه حدوداً في علاقته بالسياسة وتدبير شؤون الدولة، وأنّ الروح الدينية لا تتعارض مع روح الحرية، والمعلم الثالث هو أنّ العلمانية قد اتخذت في أوروبا شكلين عامين: شكل العلمنة بواسطة الدولة ونموذجه الأكبر هو فرنسا ومعظم البلدان ذات الأغلبية الكاثوليكية، والعلمنة من خلال المجتمع المدني وميزت البلدان ذات الأغلبية البروتستانتية كألمانيا[٢٩].

يفيد هذا التصور الأولي لمفهوم العلمانية أنّ علمنة العالم ورفع الغلالة السحرية عنه قد أدت في الحقيقة إلى علمانيات مختلفة، ولكن النخب الفكرية في العالم العربي، ومنها أركون على وجه التحديد، قد تأثرت أكثر بالنموذج الفرنسي الذي تحولت فيه العلمانية من طريقة في تدبير الدولة وتصريف الشؤون السياسية إلى هويّة ميزت التاريخ الحديث لفرنسا منذ حدث الثورة إلى يومنا هذا[٣٠]. من هنا يمكن القول إنّ عملية التأسيس التي قام بها أركون لم تهتم بالعلمانيات المختلفة، وإنما اقتصرت على العلمانية الفرنسية، وبأحد عناصرها، وقد فاتها النظر في عناصر أخرى كان بالإمكان أن تثري عملية التأسيس.

٤. في تركيزه على عملية الفصل والربط بين السيادة العليا والسلطة السياسية، قدّم تأويلاً للتاريخ السياسي في الإسلام. وإذا كان هنالك نقاش حول طبيعة الدولة في الإسلام من حيث هي دولة مدنية أو دولة دينية، فإنّ من البيّن أنّ تلك الدولة كانت تخضع للشريعة، وبخاصة في علاقتها بالرعية. ويبدو في تركيز أركون على العلمانية، بما هي معرفة أو كما قال الوظيفة المعرفية والنقدية، تقليل للجانب السلطوي من العلمانية. وإذا كان هذا التقليل مفهوماً من ناحية التحليل، فإنه يجانب الصواب من حيث المفهوم، إذ أنّ العلمانية هي أولاً وقبل كل شيء تدبير سياسي حديث لم تعرفه المجتمعات القديمة، ومحاولة تأصيله إنما هي عملية تأويلية لا يمكن فهمها إلا في سياق الصراع السياسي بين الفاعلين الاجتماعيين سواء داخل أوروبا، وبخاصة فرنسا حيث تعرف الجالية المسلمة تحولات سياسية فرضت إعادة

النظر في بعض معاني العلمانية الفرنسية، أو في العالم العربي والإسلامي حيث ما يزال الصراع قائماً بين أنصار الدولة المدنية والدولة الدينية.

٥. لا نستطيع فهم تحليل أركون للعلمانية وتاريخها في الإسلام بعيداً عن السياق الثقافي العام، وبخاصة ما يعرف بـ "**الإسلام السياسي**"، وما يطرحه من مشكلات ومنها الموقف من العلمانية[٣١]. ويبدو واضحاً أنّ إحدى غايات أركون هي كتابة تاريخ للعلمانية في الفكر الإسلامي، وإجراء نوع من التأصيل لهذا المبدأ، وذلك وفقاً لمبدأ المماثلة والقلب. فإذا كان الإسلام السياسي ينكر وجود عملية فصل بين السياسي والديني في الإسلام، فإنّ أركون قد عمل ما بوسعه لإثباتها. ولكن ما يجب ملاحظته هو أنّ هذه العملية قد لا تحتاج إلى كل هذا الجهد النظري، وإلى تلك العدة المنهجية التي استحضرها لإثبات قضية الفصل أو على الأقل الطابع الدنيوي للحكم. لماذا؟

لأنه إذا كان خطاب أركون موجهاً في جزء منه على الأقل إلى الإسلاميين، فإنّ هؤلاء وعلى اختلاف مشاربهم إنما يميزون مثل ما يميز أركون المرحلة التأسيسية أو تجربة المدينة التي ارتبطت فيها السياسة بالدين أو السيادة العليا بالدولة، وأنّ الفصل قد حصل منذ قيام النظام الملكي، وبالتالي فإنّ الاختلاف بينه وبينهم إنما يتمثل في الموقف. ففي الوقت الذي يرى فيه الإسلاميون أنّ ذلك الانفصال كان علامة على الانحراف عن الدين ومقاصده، فإنّ أركون يرى أنّ ذلك من طبيعة الأمور، وأنّ إمكانية العودة إلى تجربة المدينة من خلال نموذج مثالي هو وهم وأسطورة.

٦. إنّ عملية الفصل هذه قد سبق ونبّه إليها القدماء، وبخاصة ابن خلدون الذي ميز بين الخلافة والإمامة وبين الملك، وتوقف بشكل خاص عند الملك العضوض[٣٢]. وإذا كان الإسلاميون ينكرون عملية الفصل أو بالأحرى (الانحراف) الذي استحدثه الملك العضوض، فإنّ أركون يجري على تلك العملية تحليلاً يطرح أكثر من سؤال، ومن هذه الأسئلة: بأي معنى يمكن أن نصف ما حدث باسم الملك العضوض بأنه نوع من العلمانية أو العلمنة، سواء فهمنا من العلمانية حرية الفكر والضمير أو نوعاً من العقلانية (أي العلمنة)؟ فهل كان الملك العضوض الذي يعني الاستبداد والطغيان يحترم الحرية الفكرية؟ ثم كيف نفهم تحليل أركون للعقلانية وهو الذي ميّز في كتابه: الفكر العربي، بين العقلانية الحديثة التي قطعت مع العقلانية الأرسطية ومنها بالطبع العقلانية الإسلامية[٣٣]؟

٧. إنّ بعض استنتاجاته تطرح أكثر من مشكلة علمية، ومنها على وجه التحديد رأيه في أنّ ما أقره الفقهاء من قواعد في الفقه الإسلامي، وهي: القرآن، والحديث، والإجماع، والقياس إنما يدخل في باب: **"الحيلة الكبرى التي أتاحت شيوع ذلك الوهم بأنّ الشريعة ذات أصل إلهي"**[٣٤]، ومن أنّ تلك القواعد الأربعة: **"غير قابلة للتطبيق"**[٣٥]، ومن أنّ **"الشريعة التي يتحدثون عنها بكل تبجح ليست واحدة في أصولها عند السنّة وعند الشيعة"**[٣٦].

يصعب القبول بهذه الأحكام التي لم يتم إسنادها بدليل، وتزداد الصعوبة إذا نظرنا إلى ما انتهى إليه البحث التاريخي في شأن الفقه الإسلامي.

وإذا كان المجال لا يتسع لمناقشة هذه الأحكام، فإننا نرى من الضروري أن نشير إلى رأي أحد الباحثين في تاريخ الفقه الإسلامي وهو وائل حلاق الذي بيّن أنّ الفقه الإسلامي لم ينبثق: "من آلة السلطة السياسية، وإنما ظهر باعتباره مؤسسة مستقلة أنشأها رجال أتقياء وطوروها، وهم الذين شرعوا في دراسة الفقه وبلورته باعتباره نشاطاً دينياً. ولم يكن بإمكان السلطة الإسلامية الحاكمة أي الجهاز السياسي أن يحدد مطلقاً أحكام الشرع"[٣٧]. وبيّن الفرق الأساسي بين السلطة السياسية وسلطة القانون ممثلة بالفقه الإسلامي بقوله: "إذا كان الجهاز السياسي قد حظي بالطاعة تحت وقع نفوذه السياسي القائم على العسف، فإنّ المذهب (المذهب الفقهي) حظي بشكل من الطاعة أوضح لأنه تكلم باسم الله من خلال المجتهدين المطلقين..."[٣٨]. وأنّ الخلفاء ومن ينوبهم كانوا: "يذعنون للشرع كما تبين مصادرنا، وذلك لدعم مشروعيتهم السياسية على أقل تقدير. رغم أنه من المعقول أن نعتبر أنّ إذعانهم نابع من قبولهم للشريعة الدينية سلطة قانونية عليا منظمة للمجتمع والدولة، ويتضافر ذلك مع اقتناعهم بأنهم ليسوا بأي حال من الأحوال خصوماً لوظيفة الدين التشريعية. وتشهد الأدبيات بوضوح على عدد من القضاة الذين قضوا لفائدة أشخاص اشتكوا من بعض الخلفاء والولاة الذين قبلوا هذه الأحكام وانصاعوا لها"[٣٩].

٨. لعل ما دفع أركون إلى تلك الأحكام التي تحتاج إلى مناقشة معمقة هو إقراره بأنّ هنالك تجارب يمكن وصفها بالعلمانية، رغم أنها لم

تصل إلى درجة الوعي الواضح بذاتيتها، ولم يتم تنظيرها. ومن هذه التجارب ما ذهب إليه بشأن الخلافة العثمانية حيث قال: **"في الواقع إنّ نظام السلطنة العثمانية كان يشكل نوعاً من العلمنة، ولكن العلمنة لم تنتظر مجيء هذا النظام لكي تتشكل في المجال الإسلامي. فالحقيقة أنها قد ابتدأت منذ ٦٦١ م، أي بعد ثلاثين عاماً من وفاة النبي. ففي ذلك التاريخ استطاع معاوية أن يستولي على السلطة (...)، ولكنّ (الخلفاء) الأمويين في دمشق راحوا يخلعون رداء الشرعية الدينية على ما فعله بعد أن انتصر"[٤٠].**

قد يكون القصد من القول إنّ السلطنة العثمانية علمانية أنها أصبحت دنيوية، وهي كذلك بلا شك، يؤكد ذلك ليس فقط ما ذهب إليه علي عبد الرازق الذي يحيل إليه أركون، وإنما، وبشكل خاص، الحركة الإصلاحية التي وقفت من تلك الخلافة موقفاً متقدماً عندما تم إلغاؤها من قبل أتاتورك. يقول عبد الحميد بن باديس:

"إن الخلافة هي المنصب الإسلامي الأعلى الذي يقوم على تنفيذ الشرع الإسلامي وحياطته بواسطة الشورى من أهل الحل والعقد من ذوي العلم والخبرة والنظر، وبالقوة من الجنود والقواد وسائر وسائل الدفاع (...)، ثم انسلخ عن معناه الأصلي وبقي رمزاً ظاهرياً تقديسياً ليس من أوضاع المسلمين في شيء. فيوم ألغى الأتراك الخلافة، ولسنا نبرر كل أعمالهم، لم يلغوا الخلافة الإسلامية بمعناها الإسلامي، وإنما ألغوا نظاماً حكومياً خاصاً بهم وأزالوا رمزاً خيالياً فتن به المسلمون لغير

جدوى. وحاربتهم من أجله الدول الغربية المتعصبة والمتخوفة من شبح الإسلام"[٤١].

٩. انتقد أركون العلمانية المناضلة المرتبطة بالمشروع الوضعي والماركسي، وذلك لأنها ترى أنّ: **"الموقف الديني لا يتوافق أبداً مع موقف العقل المستقل"**[٤٢]. وهو ما يفيد أنّ أركون يدعو إلى نوع من حضور الدين سواء في المؤسسات العلمية أو في المجال العام. يؤكد هذا إقراره بأهمية الوحي: **"فمن الناحية التاريخية لا يمكن لأحد أن يهمل الوحي بصفته عاملاً تاريخياً ساهم في صناعة ما ادعوه (بمجتمعات الكتاب)"**[٤٣]. وأنه من الضروري إخضاعه لبرنامج علمي حيث يمثل مشروعه: الإسلاميات التطبيقية أو العقل الإسلامي واحداً من تطبيقاته، ولكن ما يجب الإشارة إليه، بل التأكيد عليه، هو أنّ محمد أركون يرى في الوقت نفسه أنّ النموذج الفرنسي للعلمانية هو النموذج الأصح والأجدر. يقول: **"ويبدو لي أنّ التجربة الفرنسية أو المثال الفرنسي يبقى الأصح والأجدر والأكثر تحريضاً على التفكير والتأمل فيما يخص العلمنة والتعلمن"**[٤٤].

يطرح هذا الحكم الإيجابي حول هذه العلمانية التي تحولت إلى نوع من (الهويّة الفرنسية) أو إلى نوع من (الدين المدني/ religion civile) [45] سؤال الأزمة الذي يواجهه هذا النموذج الذي وقف عنده فلاسفة وعلماء اجتماع فرنسيون ومنهم: مارسيل غوشيه في كتابه: الدين في الديمقراطية، حيث قال: **"العلمانية مصدر من مصادر القلق التي تشغل**

بال فرنسا القلقة"[٤٦]. ووصفها عالم الاجتماع والمختص في **العلمانية الفرنسية** جون بوبيرو بالعلمانية المزيفة[٤٧].

والحق، فإنه لم يعد خافياً أنّ النموذج الفرنسي في العلمانية يواجه أزمة، وذلك منذ ما يعرف بقضية الحجاب[٤٨] التي تعكس في الحقيقة أزمة متعلقة بعملية الاندماج وحقوق الأقليات سواء داخل فرنسا أو خارجها. وعملاً على تجاوز الصعوبات التي يواجهها هذا النموذج، فإنّ الفلسفة السياسية والاجتماعية المعاصرة تميز بين نوعين من العلمانية: علمانية كليّة تقوم على رؤية كونية، ورسالة تنويرية، واهتمام خاص بمصير الهويّة المشتركة الذي يفرض عليها استبعاد الانتماءات الدينية وحصرها في المجال الخاص، وعلمانية الاعتراف بما هي طريقة في الحكم أو أسلوب في التدبير السياسي، وظيفته إيجاد التوازن بين احترام المساواة وحرية الضمير، وقبول بحضور الدين وممارسته في المجال العام وفق تشريعات منصفة[٤٩].

* نشر هذا المقال في مجلة يتفكرون، العدد السابع، ٢٠١٥، التي تصدر عن مؤسسة مؤمنون بلا حدود للدراسات والأبحاث.

[١]. يمكن حصر هذه الدراسات في الآتي:

. قراءات في القرآن ١٩٨٢، الفصل الرابع: مدخل إلى دراسة العلاقة بين الإسلام والسياسة.

. الإسلام الأخلاق والسياسة (١٩٨٦).

. تاريخية الفكر العربي الإسلامي (١٩٨٦) الفصل الخامس: السيادة العليا والسلطات السياسية في الإسلام، والفصل الثامن: الإسلام والعلمنة.

. العلمنة والدين: الإسلام المسيحية الغرب، ١٩٩٦

[٢]. محمد أركون، الفكر الإسلامي، قراءة علمية، ترجمة هاشم صالح، مركز الإنماء القومي والمركز الثقافي العربي، بيروت – لبنان، ط٢، ١٩٩٦، ص ١٤٥

[٣]. المصدر نفسه، ص ص ١٤٥–١٤٦

[٤]. المصدر نفسه، ص ١٤٧

[٥]. المصدر نفسه، ص ١٤٣

ملاحظة: تفاصيل هذه النظرية – المشروع تتمثل في دراسة النقاط الآتية: ١. التجربة التأسيسية، نشوء عقل إسلامي وعقل دولة بين عامي ٦١٠–٦٦١. ٢. العلاقة بين مفاهيم: دين – دولة – دنيا. ٣. انفجار العلاقة السابقة. ٤. الاكراهات السابقة المتراكمة والتجاوز الضروري لها. (انظر ص ١٤٤ من: الفكر الإسلامي قراءة علمية)، وص ١٦٤ حيث يطرح نقاطاً أخرى للبحث متعلقة بالسيادة العليا في الفكر الإسلامي، ومنها: ١. انبثاق المفهوم من خلال القرآن وتجربة المدينة. ٢. دراسة مفاهيم: سلطان، ملك /خلافة، إمامة، حكم أمر... الفترة التأسيسية. ٣. العقيدة والسيادة العليا الفكرية: دور الاجتهاد. ٤. التراث والسيادة العليا أو المشروعية العليا. ٥. الإيديولوجيا والسيادة العليا.

[٦]. المصدر نفسه، ص ١٩١

[٧]. محمد أركون: الفكر الإسلامي، قراءة علمية، مصدر سبق ذكره، ص ١٧٠

[٨]. المصدر نفسه، ص ١٩٢

[٩]. المصدر نفسه، ص ١٤٥

[١٠]. محمد أركون، الإسلام، التاريخ، الحداثة، في جريدة: النهار، العدد ١٥٨، يوم ١١ سبتمبر ١٩٩١

[١١]. محمد أركون، العلمنة والدين: الإسلام، المسيحية، الغرب، ترجمة هاشم صالح، دار الساقي، ط ٣، بيروت – لبنان، ١٩٩٦، ص ١٠

[١٢]. المصدر نفسه، ص ١١

[١٣]. المصدر نفسه، ص ٣٦

[١٤]. المصدر نفسه، ص ٣٦

[١٥]. المصدر نفسه، ص ٣٦

[١٦]. محمد أركون، الإسلام، التاريخ، الحداثة، في جريدة النهار، مرجع سبق ذكره، ص ٠٩

[١٧]. محمد أركون، تاريخية الفكر العربي الإسلامي، مصدر سبق ذكره، ص ١٨١

[١٨]. المصدر نفسه، ص ١٨٠

[١٩]. المصدر نفسه، ص ٢٩٣

[٢٠]. المصدر نفسه، ص ٢٩٤

[٢١]. المصدر نفسه، ص ص ٢٧٩ – ٢٨٠

[٢٢]. المصدر نفسه، ص ص ١٨٢ – ١٨٣

[٢٣]. محمد أركون، الفكر الإسلامي، قراءة علمية، مصدر سبق ذكره، ص ٥٧

[٢٤]. المصدر نفسه، ص ٣١٦

[٢٥]. كلمة العلمانية تحمل مفارقة، لأنّ أصلها اليوناني LAOS يعني الشعب المؤمن في مقابل النخبة الدينية.

[٢٦]. Marcel Gauchet, La révolution des droit de l'homme, Paris, Gallimard, 1989, p.2.

[٢٧]. حركة دينية فرنسية دعت إلى استقلال الكنيسة الإداري عن الفاتيكان.

[٢٨]. محمد أركون، العلمنة والدين، مصدر سبق ذكره، ص ١٠

[٢٩]. يجب الإشارة إلى أنّ معظم الدساتير الأوروبية لا تتضمن مادة أو مواد للفصل بين الدولة والدين، بل بعضها يؤكد على العلاقة بينهما. فقد ورد في الدستور الألماني ما نصه: "إنّ الشعب الألماني واع بمسؤوليته أمام الله"، وأقرّ الدستور الإسباني ضرورة: "التعاون مع الكنيسة الكاثوليكية". انظر:

– علي بن مخلوف ومحمد جنجار (إشراف)، مفردات الفلسفة الأوروبية، الفلسفة السياسية، ترجمة "الحسين سحبان وآخرون"، المركز الثقافي العربي، بيروت – لبنان، ٢٠١٢، ص ص ١٤٣–١٥٣

[٣٠]. من هنا يرى بعض المختصين في الإسلام السياسي وهو اليفيه روا أنّ العلمانية بالصيغة الفرنسية إنما تتفق مع المسيحية الكاثوليكية، وذلك نظراً للدور الذي تقوم به الكنيسة كوسيط، في حين أنّ الإسلام أقرب إلى البروتستانتية من حيث غيبا هذا الوسيط، وهو ما يتفق وطرح الإسلاميين من أنّه لا كهنوت في الإسلام. ويتصل مفهوم العلمانية الفرنسية بطبيعة الدولة التي توصف باليعقوبية ومن مميزاتها مقارنة بالدولة في البلدان الإنجلوسكسونية التي تعتمد على القانون العام أو العرف (COMMUN LAW) بأن: ١. الدولة تمثل حقيقة المجتمع.٢. ضعف المجتمع المدني مقارنة بالمجتمعات الإنجلو سكسونية. ٣. المركزية الشديدة. ٤. الاعتماد على القانون الروماني وليس على القانون المشترك. انظر:

.Olivie Roy, Islam mondialise, Paris, Seuil, 2002 –

Olivie Roy, La laïcité face a l'Islam, Paris,   –
.Stock, 2005

[٣١]. يرى بعض الباحثين في الإسلام السياسي أنّ المشكلة الكبرى تتمثل في تقديم تصور خالص للدين، تصور خارج عن كل مرجعية ثقافية أو اجتماعية، وبالتالي لا جدوى من الحديث عن التاريخ. انظر:

– ألفييه روا، الجهل المقدس، زمن دين بلا ثقافة، مرجع سبق ذكره، ص ٢٧

[٣٢]. جاء في الحديث النبوي: "الخلافة بعدي ثلاثون سنة، ثم تصير ملكاً عضوضاً".

[٣٣]. كما تطرح مسألة صلاحية التأويل الذي أسبغه على بعض النصوص التراثية، ومنها على وجه التحديد نص رسالة الصحابة لابن المقفع؟ فهل يمكن القول إنّ الآداب السلطانية قد شكلت أساساً للعلمانية؟

[٣٤]. المصدر نفسه، ص ٢٩٧

[٣٥]. المصدر نفسه، ٢٩٧

[٣٦]. المصدر نفسه، ٢٩٨

[٣٧]. وائل حلاق، نشأة الفقه الإسلامي وتطوره، ترجمة رياض الميلادي، دار المدار الإسلامي، بيروت – لبنان، ٢٠٠٧، ص ٢٧٨

[٣٨]. المرجع نفسه، ص ٢٧٨

[٣٩]. المرجع نفسه، ص ٢٦١

[٤٠]. محمد أركون، العلمنة والدين، مصدر سبق ذكره، ص ص ٨٩–٩٠

[٤١]. عمار طالبي (جمع ودراسة)، ابن باديس حياته وآثاره، الجزء الثالث، الشركة الجزائرية، ط ٣، الجزائر، ١٩٩٧، ص ٤١٠

[٤٢]. محمد أركون، العلمنة والدين، مصدر سبق ذكره، ص ٧٢

[٤٣]. المصدر نفسه، ص ٧٥

[٤٤]. المصدر نفسه، ص ٧٩

[٤٥]. Jean Baubérot, La laïcité en crise, une conquête toujours en devenir, in, Informations sociale, N° 136, 2006, p 48–59.

[٤٦]. Marcel Gauchet, La religion dans la démocratie, Parcours de la laïcité, Paris, Gallimard, 1998, p.9.

[٤٧]. Jean Baubérot, La laïcité falsifiée, Paris, La Découverte, 2012.

[٤٨]. Valérie Amiraux, L'"affair du foulard" en France: retour sur une affaire qui n'en est pas encore une, in, Sociologie et société, N°2, 2009, 273–298.

[٤٩]. حول هذا الموضوع انظر على سبيل المثال:

- سكوت هييارد، السياسة الدينية والدول العلمانية، ترجمة الأمير سامح كريم، عالم المعرفة، رقم ٤١٣، المجلس الوطني للثقافة والفنون والآداب، الكويت، ٢٠١٤

- مايكل بيري، الدين في السياسة، ترجمة عربي ميقاري، الشبكة العربية للأبحاث والنشر، بيروت – لبنان، ٢٠١٤.

منع الوجبات "الحلال" من أجل "إنقاذ العلمانية" الفرنسية(١٠)

أعلنت زعيمة حزب الجبهة الوطنية اليميني المتطرف في فرنسا، مارين لوبان، أن حزبها سوف يمنع تقديم وجبات غذاء مدرسية تراعي المعتقدات الدينية للتلاميذ، كالأطعمة الخالية من لحم الخنزير التي تقدم للتلاميذ المسلمين بصفة أساسية.

---

(١٠) موقع الدويتشه فيلله — الرابط:

http://www.dw.com/ar/%D9%85%D9%86%D8%B9-
%D8%A7%D9%84%D9%88%D8%AC%D8%A8%D8%A7%D8
%AA-
%D8%A7%D9%84%D8%AD%D9%84%D8%A7%D9%84-
%D9%85%D9%86-%D8%A3%D8%AC%D9%84-
%D8%A5%D9%86%D9%82%D8%A7%D8%B0-
%D8%A7%D9%84%D8%B9%D9%84%D9%85%D8%A7%D9%
86%D9%8A%D8%A9-
%D8%A7%D9%84%D9%81%D8%B1%D9%86%D8%B3%D9%
8A%D8%A9/a-17545183

قالت مارين لوبان، زعيمة حزب الجبهة الوطنية اليميني المتطرف، في فرنسا الجمعة (الرابع من إبريل/ نيسان ٢٠١٤) إن الحزب سيمنع المدارس من تقديم وجبات غداء مخصصة للتلاميذ المسلمين في البلديات الـ ١١ التي فاز فيها بالانتخابات المحلية، مؤكدة أن مثل هذه الترتيبات تتنافى مع قيم فرنسا العلمانية.

وقالت لوبان لإذاعة "إار .تي .إل" **"لن نقبل أي مطلب ديني في وجبات المدارس ... لا داعي لدخول الدين في المجال العام. هذا هو القانون"**، معتبرة أن هذا القرار يهدف إلى **"إنقاذ العلمانية التي تواجه وضعاً شديد الخطورة"** في فرنسا، حسب قولها. ويحمي القانون التقاليد العلمانية الصارمة التي تنتهجها الجمهورية الفرنسية. لكن المطالب المرتبطة بالعقيدة زادت في السنوات الأخيرة، لاسيما من جانب الأقلية المسلمة.

وفي فرنسا، لا يوجد أي التزام يفرض على الهيئات المسؤولة عن المطاعم المدرسية تقديم وجبات تتفق مع المعتقدات الدينية للطلبة. لكن مراعاة لمطالب المسلمين، الذي يلتحق غالبية أبنائهم بالمدارس العامة، تقدم بعض البلديات وجبة بديلة لتلك التي تحتوي على لحم الخنزير. وشهدت فرنسا عدة وقائع مثيرة للجدل بشأن المدارس التي تستعيض عن لحم الخنزير باللحم البقري أو الدجاج لتلبية احتياجات التلاميذ المسلمين، إذ اشتكى بعض رؤساء البلديات المنتمين لحزب لوبان من وجود عدد أكبر مما ينبغي من متاجر اللحوم الحلال في بلداتهم.

ويقدر عدد المسلمين في فرنسا بنحو خمسة ملايين شخص. وفي السنوات الأخيرة تزايدت مطالبات الآباء بوجبات خالية من لحم الخنزير بل وأحياناً بوجبات حلال لأبنائهم.

يشار إلى أن الجبهة الوطنية فازت بإحدى عشرة مدينة في الانتخابات البلدية التي جرت بين الثالث والعشرين والثلاثين من مارس/ آذار الماضي، في حين لم يسبق لها أن تولت رئاسة أي مدينة قبل ذلك. ويبدي هذا الحزب المعارض لوجود المهاجرين في البلاد استياءه المستمر من تنامي نفوذ الإسلام في الحياة العامة الفرنسية.

ع.ج.م/ ي.أ (أ ف ب، رويترز)

العلمانية الأوروبية بين النقاب والمأذنة!(^{١١})

عزيز الحاج

إيلاف – الأربعاء ٢٩ سبتمبر

تواصل صحف عربية النقاش حول مغزى نتائج الاستفتاء التركي، وهل خسرت العلمانية أم لم تخسر. وسبق لي إبداء رأيي في الموضوع منذ أيام.

أحد المقالات يفرق بين ما يعتبرهما: **"علمانية شاملة وعلمانية جزئية، فيشيد بالعلمانية الأمريكية التي تتساهل مع حديث أوباما عن الإنجيل، وينتقد العلمانية الغربية الأوروبية لأنها "اعتبرت الدين والتدين "ثمرة محرمة" فلم تتحمل الحجاب ولا النقاب ولا المآذن، وأصبحت موضع انتقاد شديد حتى من المنظمات الحقوقية الغربية".**

---

(١١) موقع إيلاف – الرابط:

http://elaph.com/Web/opinion/2010/9/599840.html

الملفت أيضاً في المقال الإشادة بسركوزي لكونه يريد **"إعادة بناء علاقة إيجابية بين العلمانية والدين في اعتراف ضمني بأن العلمانية الأوروبية ولدت في بلاده مسكوبة بمعاداة التدين عموماً."** ["الحياة" عدد ٢٨ سبتمبر ٢٠١٠].

في السنوات الماضية، نشرت عدة مقالات عن العلمانية، وعن علمانية فرنسا بالذات، مبينا بوضوح أنها ليست ضد الدين والتدين، بل قامت على أساس فصل كل من ميداني السياسة والدين. ومن هنا، قانون حظر حمل الرموز الدينية في مدارس الدولة منذ ١٩٠٥، وقد أعيد تأكيده عندما كان سركوزي نفسه وزيراً للداخلية. صحيح، أنه بشر فترة قصيرة بوجوب إدراج الأصول الدينية المسيحية واليهودية في الدستور، ولكنه تراجع عن ذلك. وحين يتحدث بعض الكتاب العرب عن عداء **العلمانية الأوروبية** للدين والتدين، يتناسون وجود مئات آلاف الكنائس والمساجد وأماكن العبادة اليهودية وغير اليهودية في غربي أوروبا، وفي فرنسا وحدها أكثر من ٢٠٠٠ مسجد، ومن يريد من المسلمين المتدينين أداء الفرائض، فإنهم يمارسونها بكل حرية. وهذا أيضا شأن المسيحيين المتدينين وغيرهم. وحين يشيد الكاتب بسركوزي، فإنه ينسى أن الرئيس الفرنسي هو الذي تصدر الحملة لحظر النقاب. أما المآذن، فالحالة تخص سويسرا، والقرار لم يكن من الدولة، بل كان هناك استفتاء شعبي ديمقراطي طالب بحظره. وقد علق العديد من كتابنا على الموضوع وأوضح فريق منهم أن المأذنة لم تكن أصلاً

زمن الرسول وأنها أصبحت فيما بعد جزءًا من عمارة المساجد. فسويسرا لا تحظر بناء المساجد أو صلاة المسلمين وأداء فروضهم.

أما التجربة الأميركية، فرغم بعض الاختلاف، فإن بينها وبين التجربة الأوروبية نقاط اشتراك جوهرية كبرى.

لا يجوز في رأيي اختزال مكان الدين الإسلامي في الغرب إلى حجاب في مدارس الدولة ونقاب ومأذنة، ولا يجوز إنكار الحريات الدينية الواسعة في الغرب، أميركياً وأوروبياً، وواقع أن المتدينين المسلمين يجدون في الغرب من الحريات، دينية ومدنية، ما لا يجدون قليلاً منها في دول إسلامية عديدة. وإذا ظهرت في العقد الأخير حساسية ما بين شرائح من السكان تجاه الإسلام والمسلمين، فالمسئولية الأولى — [وليست الوحيدة] — تقع على المتطرفين المسلمين وأعمال الإرهاب **"الجهادي"**. وعندما يكثر الحديث اليوم عن **"الإسلاموفوبيا"** في الولايات المتحدة بمناسبة مسجد نيويورك، فمن يروجون للتهمة ينسون أن الاعتراض الشعبي ليس حول بناء المسجد، بل حول تحديد المكان بالضبط. والمؤسف أن القائمين بالمشروع يواصلون الإصرار على نفس المكان وكأن القضية معركة مصيرية بين الإسلام وأعدائه. وهم بذلك يسيئون، ويغذون مشاعر الحساسية.

وبالارتباط بالموضوع، هناك دعوة إلى الأمم المتحدة **"لتجريم الإساءة للأديان"**، فما المقصود بالإساءة هنا؟ وهل نحسبها إساءة عندما يقف خطباء مساجد ليعتبروا اليهود أحفاد قردة ويجب استئصالهم مع أطفالهم؟! أو أن غير المسلمين هم أصحاب ذمة ومواطنون من الدرجة الثانية

"في دولة المسلمين"؟! وهل من الإساءات حرق الكنائس ومهاجمتها، وقتل القسس، وتنظيم المظاهرات ضد رجال الكنيسة كما في مصر؟! أو الدعوة من فضائيات لقتل الأميركيين أو غيرهم؛ وغير هذه من ممارسات لم نجد لها صدى استنكار يذكر بين دعاة تجريم الأمم المتحدة "للإساءة للأديان"؟! أم إن نشر مفكر غربي غير متدين كتاباً أو مقالاً ديناً من الأديان من منظوره غير الإيماني يجب حظره؟ بينما الحرية الدينية في العلمانية الغربية — أميركية وأوروبية — تعني أيضاً حرية الملحدين واللاأدريين في نشر أفكارهم وحرية مخالفيهم في الرد والسجال. إن دعوات من هذا النوع سوف تفسر في الغرب بالاعتداء على حرية الرأي والتعبير. فالردود على كل إساءة حقيقية، [وأقول حقيقية وليس على مجرد الظنون وسوء الفهم والتفسير]، لدين ما يجب أن تكون بالنقاش الهادي والتفنيد الموضوعي على أساس الحقائق والبينات وليس بمظاهرات العنف وحرق الأعلام وقتل غير المسلمين ودعوات التجريم!

على من راحوا ينشرون المقالات عن "الإسلاموفوبيا" أو"الإساءات للأديان" أن ينظروا أولاً لما يجري في العالم الإسلامي نفسه: من تطرف، ومن قهر للمرأة وللحرية الدينية، ومن كتاتيب تنشر التزمت والغلو الديني، ومن عدوان متكرر على غير المسلمين — من العراق فمصر وإلى ماليزيا وغيرها —، ومن فضائيات تظهر قطع الأعناق، وتذيع بيانات بن لادن والظواهري.

إن الحصيف هو من نظر في عيوبه قبل تشريح الآخرين!

الإسلام وفرنسا والعالم في عيون مفكر فرنسي(¹²)

هادي يحمد

إسلام أونلاين ٢٦ ديسمبر ٢٠٠٤

يعرف نفسه بأنه "**بلا ديانة**"؛ فهو فرنسي من أم يهودية ومن أب قبطي مصري، اختار أن يطبق "**مقاربة إنسانية مبنية على معرفة الآخر**" في دراسته للإسلام والمسلمين فانتهى إلى نتائج أقل ما يمكن أن يقال عنها إنها مستفزة للنظرة التقليدية الغربية للعالم الإسلامي: ذلك هو "**آلان جريش**" أحد أبرز المثقفين الفرنسيين، رئيس تحرير جريدة "**لوموند ديبلوماتيك**"، والذي خص شبكة "**إسلام أون لاين. نت**" بهذا الحديث الذي انطلق من تساؤلات عن كتابه الجديد: "**الإسلام والجمهورية والعالم**" وانتهى إلى التساؤل عن الحركات الإسلامية ومستقبلها ومستقبل صراع أمريكا مع

الإرهاب ومكانة العلمانية في العالم الإسلامي والأزمة العربية مع الحكم والديمقراطية.

*** في كتابك الأخير "الإسلام والجمهورية والعالم" قمت بصياغة تعريفات عديدة لمصطلحات من قبيل: "الإسلام" و"المسلمين" و"العلمانية" و"الإرهاب" .. بالرغم من أن كل هذه المصطلحات قد أشبعت بحثاً في الأبحاث الغربية، فهل يتعلق الأمر بمراجعات لهذه المصطلحات وبقراءة جديدة لها؟.**

أولاً: عندما تقول إنها مصطلحات عرفت من قبل، فهذا أمر ليس دقيقاً تمامًا في الغرب؛ إذ يجب أن نفهم أن الإسلام يعد ثقافة أجنبية تماما عن الغربيين أو غالبيتهم على الأقل؛ ففي العالم العربي والإسلامي يمثل الإسلام جزءًا من حياتكم، أي من الأشياء التي تعتبر من المسلمات بالنسبة لكم، بالمقابل هنا في الغرب حيث يمثل الإسلام أقلية وهو لا ينتمي للثقافة الجمعية، وهذا ما يُحدث الخلط والتداخل في فهم المصطلحات المتعلقة بثقافة أخرى؛ فالغربيون في حاجة دائمة لتعريفات دقيقة حول معنى: "**الإسلام**" و"**الإسلامية**" و"**ماهية القرآن**" .. لذلك تصبح التعريفات مهمة جدًا وإن كانت نسبية وغير مكتملة؛ فعندما نتحدث عن "**المسلمين**" مثلاً فإننا لا نذهب إلى تعريف نعتبره تامًا ومستوفيًا، إذ إننا إزاء أكثر من مليار من الأشخاص لا يمكن أن نختزلهم في كلمة واحدة مبسطة؛ فالمسلمون الذين يعيشون في إندونيسيا أو مصر أو مالي أو كوسوفو لا يعيشون إسلامهم

٨٢

بنفس الطريقة، وليس من المسلم به إذا كنا جميعًا مسلمين أن نرى الأشياء بالطريقة نفسها.

ثانيًا: فقد أردت عبر هذه التعريفات إعادة صياغة حوار فرنسي — فرنسي جديد اتخذ في فترة معينة اتجاهاً واحداً حول عدة قضايا تتعلق بالإسلام سواء من خلال تعريفات تعود إلى إشكاليات سابقة أو من خلال قضايا حينية كقضية الحجاب الإسلامي بفرنسا أو من خلال ما يسمى: "**التهديد الإسلامي**" .. أي أن الهدف هو الخروج من التبسيط في تناول هذه القضايا كما تطرحها بعض وسائل الإعلام.

*** يتولد لدى البعض انطباع بأنك تقوم بقراءة عكس التيار للمصطلحات "المتفق عليها" وأحيانا تبدو هذه التعريفات الجديدة "مستفزة" كتعريفك لمصطلح "الإرهاب" على سبيل المثال؟.**

— هذا يندرج — أيضًا — ضمن الخروج عن التفسيرات التبسيطية للإرهاب؛ فمصطلح الإرهاب أصبح من الكلمات التي تستعمل في جميع السياقات دون أي تفريق والتي تستهدف بالنسبة للبعض ضرب الخصم مهما كان. فعندما يعرف الغرب العمليات الإرهابية نجده يدرج تحت هذا المصطلح عمليات "**الإيتا**" بإقليم الباسك الأسباني وعمليات **الجيش الجمهوري الأيرلندي** في المملكة المتحدة **والقاعدة**، كما نجد تحت نفس المظلة حركة حماس وحزب الله اللبناني.. رغم أن الحركات مختلفة الأهداف والبرامج ولا

يمكن أن نضفي عليها تعريفاً واحداً مبسطاً من قبيل مصطلح "الإرهاب". فعندما نتحدث عن الإرهاب في اعتقادي يجب التذكير بأمور مهمة، أولها أن الأمم المتحدة لم تتمكن — إلى الآن — من صياغة تعريف قانوني للإرهاب.

وثانيها أن هناك مقولة تاريخية تقول: "**إننا دائمًا كنا إرهابيين ضد أحد ما!**"؛ فجبهة **التحرير الوطني الجزائرية** كانت تعتبر من قبل الحكومة الفرنسية الاستعمارية وقتها بكونها "**حركة إرهابية**"، واليوم "**الشيشانيون**" يعدون إرهابيين في نظر الروس.

يمكننا طبعًا أن نستعمل مصطلح "**الإرهاب**" على كونه يمثل "**استعمالاً للعنف الأعمى ضد المدنيين**"، ولكن وحتى إذا استعملنا هذا المصطلح في هذا المنحى فإننا يجب أن نذكر أن ولادة مصطلح الإرهاب في العالم كانت مرتبطة بما يسمى بـ "**إرهاب الدولة**" وليس إرهابًا تقوم به الجماعات، فقد كانت لفرنسا سياسية إرهاب دولة في الجزائر أثناء الفترة الاستعمارية، والحكومة الإسرائيلية تستعمل اليوم "**إرهاب الدولة**" ضد الفلسطينيين وكذلك تفعل الحكومة الروسية ضد الشيشانيين. صحيح أن هناك اليوم جماعات تستعمل الإرهاب من أجل قتل مدنيين أبرياء كما تفعل بعض الجماعات الشيشانية أو بعض خلايا حماس أو غيرها .. لكن السؤال هو: هل يمكن أن نفصل هذه الأعمال عن أعمال العنف التي تقوم بها الدولة؟.

وإذا تم استثناء العمليات التي يقوم بها **تنظيم القاعدة** فإن بقية العمليات لها أسباب سياسية؛ فالذي يسبب أعمال العنف في **"إسرائيل/ فلسطين"** هو قمع الفلسطينيين، والذي يتسبب في أعمال العنف في الشيشان هو القمع الروسي للشيشان، وإذا كنا نتوقع أن نوقف الإرهاب الذي يدينه الغربيون في فلسطين والشيشان دون إيجاد حل سياسي؛ فهذا لعمري بمثابة العدم.

* تقولون في كتابكم "إنكم تعتمدون مقاربة إنسانية تتأسس على الرغبة في فهم الآخر" لذلك قمت بشن هجوم عنيف على بعض الكتابات والقراءات الفرنسية والغربية عامة التي تعتقدون أنها تحمل فهما مغلوطا للإسلام ونظرة عنصرية تجاه المسلمين، فهل نستطيع القول إن هناك "أزمة فهم" للثقافة العربية الإسلامية أحد أهم تجلياتها تفاقم الإسلاموفوبيا؟.

ـ نعم .. ولكن ما يجب الانتباه له هو أن هذا الفهم المغلوط للإسلام والمسلمين في الغرب ليس بجديد؛ إذ كانت دائما هناك مفاهيم محرفة في الغرب تجاه الإسلام وهي نتيجة الإرث التاريخي والفترة الاستعمارية.

الجديد اليوم هو أننا أصبحنا تجاه ظاهرة جديدة في فرنسا وفي الغرب بصفة عامة وهي أن الإسلام أصبح مشكلة داخلية في الغرب وهو مشكلة خارجية في البلدان العربية والإسلامية، حيث أصبح بالنسبة لبعض باحثينا

السياسيين بمثابة "**خطر عالمي**" يرتبط بمحفزات داخلية (مسلمي الغرب) وهو ما ينتج عنه خوف كبير في الشعوب الغربية يؤدي بنا في نهاية المطاف لعدم فهم للمسلمين وللإسلام.

هذا الخوف يستند للعمليات التي تقوم بها **القاعدة**، كما يستند أيضاً إلى استقرار أقلية مهمة من المسلمين في الغرب أصبحوا بعامل الوقت من أهل البلاد؛ فالأغلبية من مسلمي فرنسا مثلاً هم فرنسيون يملكون جواز سفر فرنسيا وشهادة ميلاد فرنسية، وهو ما يزيد في حساسية الخوف.

أما على المستوى السياسي أصبحنا مجبرين على الحديث عن الإسلام، لا باعتباره ينتمي إلى ثقافة بعيدة جغرافيًا، ولكن كقضية قريبة منا؛ وهو ما أدى إلى التشكك في نوايا المسلمين الفرنسيين سياسياً؛ وهو ما شكل أزمة اتصال اجتماعي.. كل هذا يدفعنا إلى الحديث عن الإسلام بخوف، ولكن في نفس الوقت عندما ننظر في السنوات الماضية لا نجد هذا التفاقم للإسلاموفوبيا الذي نجده الآن.

فمثلاً، بالنظر إلى الوضع في فرنسا فلك الحق في أن تنتقد الدين ولك الحق في أن تكون ملحدًا وهو حق دستوري، وهذا ما شكل الإسلاموفوبيا ولا يمثل هذا رفضاً للإسلام كدين، وإنما ينظر للإسلام في فرنسا بأنه لا يتوافق مع مبادئ الديمقراطية والعلمانية، وهو ما شكل صورة نمطية عن الإسلام والمسلمين بأنهم ينتمون إلى ثقافة مختلفة ويعتنقون ديناً عنيفاً يكن العداء للعلمانية والديمقراطية.. وقد تزاوج هذا مع النوع التقليدي من العنصرية المعادية للعرب التي وجدت في فرنسا منذ مدة طويلة والتي

ضربت التواجد المغربي بالأساس، هذا ما أدى إلى سلوك أشكال مختلفة من العنصرية التقليدية تعبر أن الإسلاموفوبيا ليست في فرنسا فقط ولكن في كل البلدان الأوربية، تتمثل مثلاً في هجمات ضد مساجد أو ضد فتيات محجبات، وبات هذا ملحوظاً منذ أحداث الحادي عشر من سبتمبر حيث تضاعفت الهجمات ضد الرموز المرئية للإسلام.

الإسلاموفوبيا.. بين النقد والتفرقة العنصرية

*** ولكننا نلحظ في الفصل الأول "صدام الحضارات" من كتابك ترددك في استعمال مصطلح "الإسلاموفوبيا"؟.**

— لا يتعلق الأمر بالتردد، ولكننا يجب أن نشير إلى أنه لا يوجد بالفعل أي مصطلح يعبر بشكل صريح عن العنصرية أو التمييز تجاه المهاجرين من أصول مسلمة. فمنذ ١٠ سنوات ماضية في فرنسا نجد أن مصطلح **"مسلمين"** لم يكن موجودًا؛ إذ كنا نشير إلى هؤلاء المهاجرين بمصطلح: **"مغاربيين"** أو **"شمال إفريقيين"** أو **"عرب"** .. إذن فهذه العنصرية المعادية للعرب تواصل وجودها، ولهذا يجب الانتباه عندما نقول إن **"الإسلاموفوبيا"** تغطي أمرًا واقعًا، ولكنها لا تغطي كل بجموع الأعمال العنصرية التي تمس الكثافة المغاربية.

فعلى سبيل المثال، إذا تقدم شاب يسمى **"أحمد"** بطلب للعمل فسيكون حظه أقل — بالطبع — من شاب آخر يسمى **"آلان"** وليس الأمر

دائمًا باسم الإسلام؛ إذ يمكن أن يكون الأمر باسم العنصرية لكونه مغاربيًا. إذن فمصطلح الإسلاموفوبيا لا يغطي كل أشكال العنصرية، ولكنه من المهم القول إن المصطلح يعرف ظاهرة جديدة لم توجد من قبل. فمن الجائز أن يعرف شخص ما على كونه "**عنصريًا**" وإسلاموفوبيا في نفس الوقت، فبالنسبة لي هناك جزء من الناس يخفون عنصريتهم تحت مظلة الإسلاموفوبيا عندما يقولون إنهم ليسوا ضد العرب لكنهم معادون لدينهم ويعيبون على العرب كونهم يتمسكون بدين يمنعهم من الاندماج ويضطهد المرأة ويعادي الجمهورية ...

* **تقول في كتابك: "إنه وبعد أحداث الحادي عشر من سبتمبر فإن القول المعادي للإسلام تحرر"، فأين يكمن الخيط الفاصل بين النقد البناء بمعناه العلمي وبين القول الإسلاموفوبي بمعناه العنصري؟.**

– صحيح أن هناك مشكلاً حقيقيًا، فهناك بعض المسلمين ممن يستعملون مقولة الإسلاموفوبيا لرفض أي انتقاد للإسلام. فخيط الفصل ليس بسيطاً وفي كل الأحوال ليس هناك جواب بسيط لهذا السؤال. الفرق بين النقد والإسلاموفوبيا – كما أرى – ينطلق من السياق العام للقول؛ ففي فرنسا هناك نقد تاريخي للدين مع فولتير مثلاً، وكل ما حدث في القرن الثامن عشر وما قام به الثوريون ضد الكنيسة.

وفي خصوص الإسلام، طبعا لنا الحق في فرنسا في نقد الإسلام، ولكننا عندما ننقد الإسلام لا نثبت بأية حال من الأحوال أننا شجعان،

لأننا لا نخسر شيئاً أو لأن الإسلام ليس قوة مهيمنة مثل الكنيسة في القرن الثامن عشر.

فعندما يقول "**ميشال والباك**": إن "**الإسلام الديانة الأكثر غباء في العالم**"، مثلاً، لا يمكنني أن أقاضيه بتهمة العنصرية، ولكن عندما نسمع "**كلود إمبارك**" مدير بجلة لوبوان الفرنسية يعلن كونه "**إسلاموفوبي**"، أو يقول إن المسلمين غير قادرين على الاندماج في فرنسا لكونهم مسلمين، فأعتقد أننا إزاء نوع من العنصرية فهذا القول العنصري يبين بأن المسلمين غير قابلين للاندماج ليس لكونهم عربًا ولكن لكونهم مسلمين.

وهناك ما أعتبره انحرافاً في المجتمع الفرنسي يتمثل في معاملة كل المسلمين، وإن اختلفت طريقة رؤيتهم وتطبيقهم للإسلام، وكأنهم مسئولون عن كل ما يحدث في العالم. فالكثير من أصدقائي "**المسلمين**" وإن كان بعضهم لا يطبق إسلامه بالمعنى الحرفي للكلمة يسألون من قبل زملائهم في العمل عن مواقفهم من أحداث الحادي عشر من سبتمبر ومن تفجيرات العاصمة الأسبانية مدريد.. لماذا يطالب هؤلاء بتقديم موقفهم و"**براءتهم**" من الاتهامات والحال أنه من المفترض أن يكونوا كأي مواطنين فرنسيين.

وهناك أشكال أخرى من الإسلاموفوبيا تتجسم في إظهار النساء المسلمات وكأنهن النساء الوحيدات اللاتي يتعرضن للقمع في المجتمع الفرنسي، والحقيقة أن الضغط الذي تتعرض له المرأة في فرنسا والناتج عن عدم مساواتها بالرجل قضية تمس المجتمع الفرنسي بأكمله، خاصة عندما نعلم

أن ١٠ % فقط من أعضاء **الجمعية الوطنية الفرنسية** (البرلمان) هم من النساء.

*** وهل تناصر الدعوة لتطوير العلمانية الفرنسية بالشكل الذي يتيح حرية أكبر للمظاهر الدينية في الأماكن العامة خاصة بعد إقرار قانون يمنع الرموز الدينية في المدارس وخاصة الحجاب؟.**

– لقد خصصت الفصل الخامس من كتابي لـ **"العلمانية الفرنسية"** وتاريخها، وخلافاً لما يقال فلم تكن العلمانية أبدا معادية للدين، وبالنسبة لمسألة الرموز الدينية للتلاميذ فقد أثيرت لأول مرة بهذا الشكل.

وأعتقد أنه حتى بدون التفكير في تعديل العلمانية كان من السهل قبول الحجاب الإسلامي وغيره من الرموز الدينية، فمثلا في سنة ١٩٨٩ أعلن **مجلس الدولة** قراره المعروف والذي يسمح بالحجاب شرط ألا يكون مظهر تحرش واستفزاز في المعاهد.

وأرى أنه يجب مناهضة الفهم الخاطئ لهذه العلمانية أو ما يمكن أن نسميها بالاتجاه العلماني الذي يريد أن يثبت أن العلمانية هي ضد الديانة ... يجب أن نقر أن ولادة العلمانية اندرجت في الحرب ضد الكنيسة، ولكن تم فيما بعد للكنيسة إثبات مكانتها التاريخية، فهناك العديد من الأعياد الكاثوليكية الدينية هي أعياد وطنية في فرنسا، وفي الألزاس شمال فرنسا نجد أن رجال الكنيسة يتم تسديد مرتباتهم من قبل الدولة.

وأعتقد أن استعمال العلمانية في قضية الحجاب كان بمثابة "مطية" لخوض حملة ضد الإسلام؛ إذ إن الأمر لا يتعلق بتطبيق للعلمانية.

ليست أزمة الإسلام.. بل أزمة المسلمين

*** الذين خاضوا ما أسميته "بالحملة" ضد الإسلام انطلقوا من قراءات اعتبروا فيها أن الحجاب الإسلامي انعكاس لأزمة داخل المنظومة الإسلامية ذاتها.. فماذا تقول في هذا الطرح؟.**

— أنا متحفظ جدا تجاه هذه الاستنتاجات التي تعتبر أن هناك أزمة عامة في الفكر الإسلامي، ولكن بالرغم من ذلك فإننا نستطيع القول: إنه منذ سنوات الستينيات والسبعينيات فرضت من خلال الشبكات التي ترتبط خاصة بالمملكة العربية السعودية رؤى شديدة الانغلاق؛ خاصة عندما يسأل الأئمة أمام آلاف المشاهدين أسئلة مثل: **"هل يمكنني أن أرد على الهاتف إذا كان زوجي غائباً؟"**.. أعتقد أنه إذا كان هناك تفكير من هذا القبيل والتركيز على ما هو حلال وهو حرام والذي يختصر الإسلام في أجندة على مقاييس مختلفة من قبيل: هل أنام على جانبي الأيمن أو الأيسر؛ فإننا يمكن أن نقول بمقولة الأزمة.

كذلك فوجود مشاكل اقتصادية وديمقراطية يروج لهذه القراءة في العالم الإسلامي؛ لأن الناس هم في ذاتهم يعيشون الأزمة.

ما أريد التأكيد عليه أنه لا توجد أزمة إسلام بالمعنى العام، ولكن هناك أزمة مجتمعات إسلامية؛ ففي **منظمة مؤتمر العالم الإسلامي** التي تجمع أكثر من ٥٠ دولة إسلامية نجد أن مظاهر الأزمة تختلف درجاتها؛ ففي إندونيسيا هناك تداول وديمقراطية وصحافة حرة بعكس بلدان أخرى أكثر "**علمانية**" كتونس وسوريا اللتين ترزحان تحت أنظمة شمولية.

* **إذن نحن إزاء أزمة سياسية وليس أزمة تتعلق بالإسلام في حد ذاته؟**.

— نعم والأمر هنا لا يتعلق بالعالم الإسلامي وحده؛ حيث إننا نجد أزمات مشابهة في أمريكا اللاتينية وفي إفريقيا وفيما نسميه بالعالم الثالث بصفة عامة، وهي أزمة دول تعيش الفقر وتدني مستوى العيش؛ فالأمر يتعلق بأزمة عامة ولكنها ليست قطعا أزمة خاصة بالعالم الإسلامي، وإن كان جزء من هذه الأزمة يمس المسلمين لأنهم ينتمون إلى العالم الثالث.

* **ولكن ألا يمكن أن نقر بخصوصية الأزمة في العالم الإسلامي؟**.

— هذا أمر معقد نسبيًا، ولكن صحيح أن العالم الإسلامي يحمل نظرة أنه ضحية اعتداءات متلاحقة منذ الفترة الاستعمارية الأخيرة، وهو أمر حقيقي يؤكده ما يحدث اليوم في العراق وفي فلسطين.. ولكن هناك تعميم

من جانب العالم الإسلامي بالنظر إلى الغرب على أنه عدو بينما فرنسا على سبيل المثال كانت ضد الحرب على العراق وكذا الأمر بالنسبة للفاتيكان وبالتالي فإن الحرب لم تكن دينية ولكنها حرب سياسية.. كما نجد أن الفهم العام في العالم الإسلامي يذهب إلى اعتبار أن كل المشاكل تأتي من الخارج وهذا أمر غير صحيح؛ فقادة العالم الإسلامي يتحملون مسئوليتهم كما هناك مسئولية الشعوب، حيث يجب عدم الاعتقاد أبدًا أن الشعوب قصر؛ فالشعوب في الفترة الاستعمارية انتفضت، ومن الخطأ أن يرمي العالم الإسلامي كل المشاكل على الخارج.. وإذا أخذنا المشكل الفلسطيني على سبيل المثال فنجد أن ما يصدم في هذه القضية ليست المساندة العمياء من الولايات المتحدة لإسرائيل ولكنه الصمت العربي وهو ليس فقط صمت الحكومات ولكنه صمت الشعوب أيضا.. فاليوم هناك احتجاجات في الشوارع الأوربية أكبر من التي نجدها في العالم الإسلامي تجاه ما يجري في غزة.

— العالم العربي هو المنطقة الوحيدة في العالم التي لم تعرف تغييرات سياسية منذ ٥٠ عاما، فمن يحكم اليوم هم رؤساء وملوك منذ الستينيات أو

الذين يسيرون طبق سياساتهم، ولا توجد أي منطقة في العالم تعيش هذه الإشكالية.

فمنذ الفترة الناصرية تمت تصفية كل الفعاليات السياسية والنقابية والأهلية والتنظيمية. وما يثير الدهشة في هذا الواقع السياسي الخرب تصريح أدلى به أحد قادة **جبهة العمل الإسلامي** (الإخوان المسلمون) في الأردن بعد سقوط العراق في أيدي الأمريكان، حيث صرح هذا المسئول بأن خروج العالم العربي من هذه الوضعية ينطلق من تطبيق الشريعة، ولا تعليق على هذا القول، فالمشكلة ليست في تطبيق الشريعة، ولكن أن نتصور أن إنقاذ العراق ينطلق من تطبيق الشريعة في الأردن، قول يراد به الضحك على ذقون الأردنيين ليس إلا. وعندما أتحدث عن مسئولية الحكام والشعوب فاني لا أخفي مسئولية قوى المعارضة المطالبة بالقيام بدور واقعي ومحرك لهذا الخواء السياسي.

الحركات الإسلامية.. أزمة غياب المشروع

* **ما رأيك في القول إن الوضع في العالم العربي والإسلامي يفتقد للقوى المعارضة، هذا إذا ما استثنينا الإسلاميين الذين يمثلون قوة شعبية حقيقية؟.**

— إذا قارنا الوضعية الحالية بسنوات الستينيات حيث كان لليسار العربي وجود قوي، نقول إن هذا الأمر صحيح، وبالنظر إلى تحول اليسار إلى

٩٤

قوة ثقافية حصرا أو –بعبارة أخرى – إلى "**برجوازية**" ثقافية مكونة من عدة نخب هنا وهناك؛ فقد خلت الساحة الشعبية بالفعل للإسلاميين الذين أصبحوا القوة الجماهيرية الوحيدة.

<u>* **هل يمثل الطرح الذي يقدمه الإسلاميون مستقبلاً في العالمين العربي والإسلامي؟**.</u>

– أولاً، ما زال مصطلح "**إسلاميين**" بفرنسا غامضاً جداً، وإذا تحدثنا عن الإسلاميين اليوم بصفة عامة نجدهم يتمثلون في الحركات التي تجعل من الإسلام برنامجها الثقافي والسياسي والاجتماعي، وهنا نقصد بمجموع الحركات التي تتراوح بين الإخوان المسلمين وتنظيم القاعدة.. ويجب أن نعي، أولاً، التنوع الشديد داخل هذه الحركات.

وإذا أخذنا التيارات الأساسية الأكثر جماهيرية وخاصة **الإخوان المسلمين**، فإلى يومنا هذا لم تقدر هذه التيارات على تقديم إجابة أو قراءة معينة واضحة المعالم أو برنامج متكامل لأزمات عالمهم، ولا أرى في وصولهم إلى السلطة أي تغيير جذري في وضعية العالم الإسلامي.

إذا أخذنا مثال تركيا، فإننا نجد أن هناك اليوم حزباً محافظاً مبنياً على أيديولوجيا الحركات الإسلامية له بطبيعة الحال بعض الإيجابيات عن الحكومات التركية العلمانية السابقة، من حيث أنه الأقل فسادا في السبيل الاقتصادي ويقوم من الناحية السياسية بتطبيق سياسة يمينية. على كل حال

٩٥

أنا أرى أن التجربة مفيدة من ناحية أنه تم إدماج جزء من التركيبة الاجتماعية في الحياة السياسية كما حدث الأمر بالنسبة للأحزاب المسيحية في الخمسينيات من القرن الأخير؛ وبالتالي تطبيق نموذج الأحزاب المسيحية الديمقراطية في العالم العربي والإسلامي.. وبعيداً عن هذا كله فإن الحركات الإسلامية لا تملك برنامجاً سياسياً يستجيب لمشاكل المجتمع.

أما أبرز تحركات هذه الحركات فتنحصر في التضامن مع الفلسطينيين أو العراق أو غيرهما.. وأنا لست ضد هذا، ولكن عندما نضع هذه الاحتجاجات التضامنية بمثابة المحور الأساسي لهذه الحركات فهو ما يجعلنا أن نقول إنها تتغافل عن وجود مشاكل اجتماعية وسياسية أخرى حيث لا نجد إجابات في برامج هذه الحركات للمشاكل الحقيقية كمواجهة الفقر والتنمية ومواجهة الاقتصاد المعولم والانخراط في الدورة الاقتصادية العالمية.. والادعاء بأنهم لم يصلوا للسلطة لا يبرر أنهم لا يملكون برنامجاً سياسياً.

* **كان الباحث الفرنسي "أوليفييه روا" أول من أشار إلى ما سماه "بالفشل الإسلامي" هل تشاركه هذا التوجه؟.**

— ماذا تقصد بالفشل أولاً؟ فهو — روا — عندما تحدث عن الفشل كان يقصد فشل الحركات الإسلامية طيلة فترة التسعينيات في إقامة دولة إسلامية بالقوة المسلحة.. أنا أعتقد أن فشل الحركات الإسلامية إلى حد الآن كامن في كونها لا تملك برنامجًا.. فالبرنامج الوحيد الذي تطرحه الحركات

الإسلامية بالنسبة للدولة الإسلامية هو تطبيق الشريعة، وقد طبقت الشريعة في أفغانستان وفي السودان وإيران.. ولكن ماذا بعد ذلك؟ فأكثر من ٩٠ % من مشاكل العالم الإسلامي لا علاقة لها بالدين، وهذه المشاكل مرتبطة بالنمو الاقتصادي وبالتحرر السياسي. فهل لهذه الحركات إجابات لهذه المشاكل؟ هذا هو في اعتقادي السؤال الحقيقي.

أنا أرى أنهم لا يملكون حلولاً، والبعض منهم يطرح حلولاً متحفظة، كما هو الحال بالنسبة للحكومة التركية التي تحمل الصفة الإسلامية، ولكنها تطبق سياسات ليبرالية لا تختلف عن سياسات حلفاء أمريكا.

ولكن بالرغم من كل ذلك فهناك مسألة مهمة في هذا السياق، وهي أن للشعوب الحق في اختيار ثقافتها الخاصة بها، وأنا أقف ضد الدعاوى الغربية التي تقول للعالم الإسلامي يجب أن تكونوا علمانيين مثلنا لتفلحوا.. طبعاً هناك مبادئ إنسانية تتعلق باحترام حقوق الإنسان والمساواة، ولكن هناك طرقاً مختلفة لتجسيم هذه المبادئ، وفي العالم الإسلامي أعتقد أن هناك من الطرق ما يؤدي إلى تطبيق هذه المبادئ الإنسانية دون أن يكون ذلك متعارضاً مع الإسلام مثلما يريد البعض إظهاره في الغرب. فنحن في فرنسا نسلك طريقاً خاصاً بنا أدى إلى أن يكون تطور العلمانية على حساب الكنيسة؛ الأمر الذي لا أراه ضروريا في العالم الإسلامي حيث يمثل الدين مكانة مهمة ويعتبره الناس جزءا من حياتهم.

الخصوصية في الإصلاح.. حق وممكن

— طبعاً.. فـ **العلمانية الفرنسية** هي، أولاً وأخيرًا، علمانية فرنسية وهي نتيجة طبيعية لتاريخنا، والعلمانية المتحققة في أوربا هي أوربية بالدرجة الأولى، وفي الولايات المتحدة وفي بريطانيا هناك علمانية على نحو خاص مختلفة عن **العلمانية الفرنسية**، وبطبيعة الحال فإن مكانة العلمانية في العالم الإسلامي ستكون مختلفة، فمن العدل التفكير بنفس الطريقة وتطبيق نفس القواعد.

أنا ليس عندي اعتراض أن يكون الإسلام مركباً أساسياً في تكوين الديمقراطيات الإسلامية، وإذا أخذنا ما طرحه الإخوان المسلمون في مصر في المدة الأخيرة فإنه يتناسب مع هذه النظرة، حيث نجد أنهم يطرحون التداول السياسي كما يطرحون أن السيادة يجب أن تكون للشعب، وإذا حاججنا **الإخوان المسلمين** في النقطة الأخيرة فقط على أن تكون السيادة كاملة للشعب، فإن المكانة التي ستعطى للدين في المجتمع وفي القوانين تصبح مسألة ثانوية؛ لأن الشعب هو الذي سيحدد هذه القوانين. وحتى عندما يقع إقرار الإسلام بكونه دين أغلبية الشعب فإن هذا أمر لا يقلق ما دام أننا في نظام ديمقراطي.

* وما هو رأيكم في فكرة فرض الديمقراطية على العالم الإسلامي كما تطرحها الولايات المتحدة وكما تساندها في ذلك نخب عديدة في الغرب؟.

— الحقيقة أن مثل هذا الطرح يضرب في صميم الأفكار الديمقراطية الغربية التي ندافع عنها.. فأنا أعتبر نفسي ديمقراطيا أناصر الحقوق الفردية والعامة والمساواة.. وعندما أنظر إلى موقف الولايات المتحدة التي تتحدث عن هذه المبادئ فإن النتيجة الوحيدة التي يمكن أن أتوقعها في العالم الإسلامي هي فقدان مصداقية هذه الأفكار في العالم الإسلامي؛ فالعالم الإسلامي يقول لنا اليوم أنتم الذين تتحدثون عن الديمقراطية تشنون الحروب في العراق وتهينون العراقيين بفضائح أبو غريب وتقتلون الفلسطينيين عندما تساندون شارون.

وهذا في رأيي أمر خطير جدًا؛ فهو من وجهة نظر معينة يغذي الاتجاهات المتطرفة التي تقول نحن لسنا في حاجة للديمقراطية الغربية التي تبشرنا بحروبها الولايات المتحدة الأمريكية.

* في الختام ما هي توقعاتك لمستقبل هذه الحرب التي تشنها الولايات المتحدة تحت لافتة "محاربة الإرهاب" سياسيا وتحت لافتة "صدام الحضارات" ثقافيا؟.

– الكتاب الذي ألفته يندرج في إطار محاربة هذه الفكرة التي تقول بحتمية صدام الحضارات، هذا في نفس الوقت الذي لا أخفي فيه قلقي من رواج هذه الفكرة؛ إذ لا يكفي أن تكون فكرة ما خاطئة حتى يتجنبها الناس، وعندما يعتقد الناس في فكرة معينة تصبح مع الزمن فكرة صحيحة. فإذا كانت الشعوب الغربية أصبح لها اعتقادات أنها تخوض صراعاً ضد العالم الإسلامي، وأن العالم الإسلامي أصبح يحمل اعتقادًا أنه يخوض صراعًا ضد الغرب فإن الأمر يصبح خطيرًا جدًا. وقد قلت في كتابي، على سبيل المثال، إنه إذا اعتقدنا أن ما يجري في أفغانستان وفي العراق وفي فلسطين ومنع فتاة متحجبة في فرنسا من دخول المدرسة له علاقة ببعضه البعض ويندرج ضمن الهجمة الغربية على الإسلام، فإن الأبواب تصبح مفتوحة على مصراعيها لخطاب التحريض بأن هناك حرب حضارات.

الأخطر من ذلك أن هذا الخطاب من الجانبين يدفعنا إلى ذلك، فمن جهة هناك الخطاب الأمريكي، متمثلاً في حكومة بوش، ومن جهة أخرى نجد أن ابن لادن يردد نفس الخطاب معلناً أن المسلمين إزاء حرب صليبية جديدة، وإذا تمكن هذا الخطاب من إقناع الشعوب الإسلامية والغربية فان الأمر سيؤدي إلى الكارثة.

الاسلام واللائكية[13]

بقلم: نور الدين بوكروح

ترجمة: فضيل بومالة

٢٠١٦/٦/١

إن الإسلام اليوم في قفص الاتهام ومحل كثير من الاستفهامات، في عالم ليس بعالمه، عالم لم يُشكله و ليس له أيّ تأثير محدد عليه، وحتى في عقر داره وعلى أراضيه، لم يعد صاحب الكلمة المسلم بها، كون ذلك العالم الذي ليس بعالمه قد حط رحاله بهما أيضًا واستوطانهما، ولم يشغل فقط المساحات الجغرافية الواسعة و إنما تغلغل في التراكيب الذهنية لعدد كبير من

(¹³) موقع الجزائر اليوم – الرابط:
http://aljazairalyoum.com/%D8%A7%D9%84%D8%A7%D8%B3
%D9%84%D8%A7%D9%85-%D9%88-
%D8%A7%D9%84%D9%84%D8%A7%D8%A6%D9%83%D9%
/8A%D8%A9

رجاله ونسائه، لقد حقنهم بحقن تحتوي قيّماً جديدة ومعايير أخرى في التمييز والحكم، و دليلاً لقوانين فعالة وأساليب للعيش الرغيد، برامج تعليم مهمة وقنوات تلفزيونية جذابة، لقد غرس فيهم العالم الحديث في جلدة الغرب.

لقد عاد الإسلام لحلقات النقاش في فترة تعرف فيها الديانات مصيرًا مشتركاً في كل بقاع الأرض: وهو إبعادها عن تسيير شؤون البشر واعتبار ذلك من صلاحيات قيصر وليس من صلاحيات الله، وجعلها في المجال الخاص ما عدا سلطتها الشرعية والحتمية، وأحلوا محلها قوانين وتنظيمات من صنع الإنسان قابلة للمراجعة والتكييف عند الحاجة، ذات بعد إنساني عالمي وإجباري ولا يمكن لأحد تجاهلها وإلاّ فسيُعاقب مباشرة، أما العقوبة في مختلف الديانات فيمكن ان تنتظر يوم الحساب في الآخرة.

ومن هذا المنطلق، أصبحت الديانات اختيارية إما القانون البشري فقد أصبح إجبارياً، إن الديانات تحظى بقداسة عقائدها وباحترام وصيانة شعائرها وبتشريف رجال الدين، ولكن لم يعد من الممكن أبدًا أن تطمع في إدارة الشؤون العمومية، كما أنه لا يمكن متابعة أي كان بسبب عدم إيمانه أو بدعوى عدم تطبيقه للأوامر الإلهية أو ما تحمله من جوامع الكلم الفلسفية.

إن المجتمعات البشرية كلها التي تشكلت عبر العصور منذ الجماعات البدائية الأولى إلى الحضارات الأكثر تطورًا قد أخذت تنظيمها، قانونها الاجتماعي، شرعية مؤسساتها ودلالات الأشياء والسلوكات فيها من

نبع الإلهام الديني العام، أو من تشريع أُوحي به يتسم بالدقة والتفصيل، وقد استمر على تلك الشاكلة مدة ستة آلاف سنة.

ولكن عصرنا هو العصر الذي شهد انتصار حضارة استفادت أيما إفادة من كل الحضارات التي سبقتها، قبل ان يغمرها الإحساس، إلى حد ما مؤسس، بأنها هي وحدها العالم والإنسانية والتقدم المعنوي والمادي، وأنها إذا ما بسطت أجنحتها فستعمر كل الكوكب بشكل طبيعي.

أما الحضارة هذه، وحتى توجد لنفسها حيزًا داخل الامبراطورية الرومانية حيث ولدت بمجيء المسيحية، هي التي نادت بادئ ذي بدء بمبدأ الفصل بين ما هو روحي وما هو دنيوي، بمعنى ضرورة وجود وبقاء التمييز بين مملكة السموات ومملكة الأرض، فلكل من الله وقيصر حقوقه ويجب ألا تنتقص السيادة الإلهية من السيادة البشرية شيئاً.

ففي البدايات الأولى للمسيحية، كانت كلمة **"لايكوس"** "laikos" (من اللاتينية لاووس Laos والتي تعني الشعب) يقصد من وراءها عامة المسيحيين، مقابلة لـ "كليريكوس" "clerikos" التي تعني المؤمن الذي يمارس الشعائر ويحتفل بالقداس باسم الكنيسة الكاثوليكية الرومانية (القس، الراهب، الأسقف ...). ومن هذه الكلمة ستشتق كلمتان آخريان في القرن السادس عشر وهما: "clergé" و"clerc" أي رجل الدين والاكليروسي.

١٠٣

أما مصطلح اللائكية "laïcité" فلم يظهر في اللغة الفرنسية الا ابتداءً من ١٨٧٠، حينما بدأت المواجهات الكبرى في فرنسا حول مسألة تحرير التعليم الرسمي من أي ضغط أو تأثير ديني في مجتمع تعايش فيه الكاثوليك والبروستانت واليهود والمفكرين الأحرار والملاحدة منذ قرون خلت، وبعد شتى أنواع الاضطرابات.

وعقب سقوط الامبراطورية الرومانية في القرن الخامس، استغلت المسيحية الفرصة بعدما كانت قد انتشرت وتنظمت ونصرت الأباطرة والملوك، حتى تؤكد وحدتها وسلطتها أمام انقسام الأصقاع القديمة تحت إمرة القانون الروماني والتي كانت تنوي إدماجها في سلطتها وإخضاعها لتوجيهها، ولكن ولأجل ذلك، كانت كنيسة سان بيار هي نفسها التي تخرق قاعدة عدم الخلط بين الدنيوي والروحي، وبلهفتها الكبيرة على السلطة وبتوليها إدارة الأملاك والأجساد والنفوس المسيحية، جعلت من نذر جهازها المسير للفقر والطهارة أمرًا عبثاً.

وبطبيعة الحال، فقد كان الـ **"كليريكوس"** يتعسفون بسلطتهم المطلقة ويستعبدون الـ **"لايكوس"**، وأراد الباباوات أن يخضعوا الملوك لسيادتهم المطلقة، لكن الملوك لم يكونوا يقبلوا ذلك دون قيد أو شرط، كما أن المواطنين لم يكونوا ليُطأطؤا رؤوسهم أبدًا ويقبلوا فساد كبار رجال الدين أو جهل صغارهم. ومن ثم تفجرت نزاعات شبه دائمة نتج عنها توالي هيمنة الكنيسة على الدولة وخضوع الكنيسة للدولة، واستمر ذلك إلى غاية القرون الوسطى وظهور المنظرين الأوائل للفصل بين المجتمع الديني والمجتمع المدني

(مارسيل دي بادو Marsile de Padoue وغيوم دوكهام
Guillaume d'Ockham).

استفاد إصلاح لوثر (Luther) من براهين هذين الأخيرين، ومن ما حاج به القول أطروحة انه إذا كان لابد من السلطة الروحية فإنّها لابد أن ترجع إلى جماعة المؤمنين وليس أرستقراطية إيمانية نصبت نفسها بنفسها، وأن ضمير كل فرد هو الوحيد الذي يتوسط بينه و بين الله.

(انظر مثل هذه التحاليل في الكتاب الرائع ل ج ب تروتباس: **"اللائكية في قانون الكنيسة الكاثوليكية و الدولة الجمهورية"** la notion de laïcité dans le droit de l'Eglise catholique et de l'Etat républicain — إضافة من المترجم.

ويبدو أن مارسيل دي بادو قد لعب دورًا أساسيًا في العملية التي ارجعت الكنيسة رويداً رويداً الى وضعها الأصلي، فاللائكية بعبارة أخرى تحقيق فصل فعلي ونهائي بين الدين والسياسة، ومن هذا المنطلق يعتبر أب الدول اللائكية الحديثة، دون ان نتحدث عما قدمه من أعمال جليلة للمصلح الالماني مارثن لوثر (M. Luther) الذي كان زعيم الوطنية حتى يضعف قوة البابا. ويقول عنه برتراند دي جوفينال (Bertrand de Jouvenel) في كتابه: **"عن السلطة أتحدث"**: **"لقد مثل المغامر مارسيل دي بادو (Marsile de Padoue) مرافعاً لصالح الامبراطور الذي لم يتوج لويس دي بافيير (Louis de Bavière)، ومدافعاً عن السيادة الشعبية محل السيادة الإلهية.** هذه

١٠٥

الفكرة هي التي كانت شعلة تحرير السلطة من سيطرة الكنيسة، وحتى يتمكن من ذلك، جادل بالشعب كقوة مناهضة لله، وبالله كقوة مناهضة للشعب، أي مناورة مزدوجة وضرورية لإقامة الحكم المطلق، كان لابد من ثورة دينية".

ولكن الكنيسة ستصر طويلاً على الشرود في متاهات المجد الدنيوي عكس ما كانت تمليه عليها رسالتها الأولى، وبذلك ارتكبت أخطاء فادحة تبرر الانقسامات التي لحقت بها و التي لا رأب لها (ولم ينجح لا الفاتيكان الأول سنة ١٨٧٠ الذي تدخل بعد ثلاثة قرون الفترة التي لم يجتمع فيها المجتمع الديني لفيينا، ولا الفاتيكان الثاني سنة ١٩٦٣ في إقناع البروتستانت بعقيدة توحيد جميع الكنائس oecuménisme). ومن جراء هذه الأخطاء، ستكون أوربا ولمدة قرون طويلة لقمة سائغة للحروب الدينية التي سقطت فيها مئات الآلاف من الأرواح. وحدث أن كان ثلاثة بابوات في آن واحد (في القرن الرابع عشر) وحبر واحد، وقد وضع نابليون وهو الفريد في بني جنسه، البابا السابع Pie VII في السجن سنة ١٨٠٩.

إن الخلاصة النهائية والبعيدة لكل هذا هو استحالة التعايش في ظل نظام ديني وقوانين دينية موحدة بين الكاثوليك والبروتيستانت واليهود والملاحدة. إن مسلمي فرنسا ليسوا أصحاب نفوذ بعد، وإلا لكنا اليوم في الجزائر من أشد أنصار المتحمسين للائكية.

ومن البداهة أن اللائكية تفرض نفسها كحل أمثل وعادل في مثل تلك الأوضاع. بمعنى أي تعليم وأي عقيدة يجب أن يدرسا في مدارس البلدان

المتعددة الديانات؟ أي الاحتفالات الدينية يجب أن تكون رسمية؟ أي دين يجب اعتباره **"دين الدولة"** دون إقصاء أجزاء اخرى من الأمة؟ أي قانون من قوانين الأحوال الشخصية يجب وضعه حيز التطبيق؟ أي الأعراف يجب اعتمادها كقواعد للقانون؟

ومن الأكيد أن التسوية لن تتم إلا بالارتكاز على قوة حيادية فوقية أي إقناع كل الإطراف بقبول القواعد التي تتجاوز اختلافاتهم ونزعاتهم نحو التسلط. وهكذا يؤدي الأمر مباشرة إلى حرية العقائد، الحياد الديني للسلطة الحاكمة، إلى الفصل بين الدولة ومختلف الكنائس الموجودة على أرضها ...

وقد مرّ نبيّ الإسلام بحالة مماثلة، حيث سمح بأن يحتكم يهود المدينة إلى قوانينهم الخاصة بدل احتكامهم إلى الدين الجديد. وعلاوة على ذلك، صاغ ووقع معهم في منزل أنس رضي الله عنه الدستور السياسي الأول في التاريخ (الصحيفة)، والذي يحدد في ٥٣ مادة، الحقوق والواجبات الخاصة بكل طرف. ويؤكد المؤرخ محمد حميد الله أن النسبة الكبيرة من تلك الأحكام، كانت تعالج مصالح اليهود خاصة.

أما في فرنسا، فقد انطلق النقاش حول اللائكية سنة ١٥٦٨ بإصدار هنري الرابع (Henri IV) لمرسوم نانت (l'Edit de Nantes) (حيث تم لأول مرة قبول مبدأ إمكانية عدم توافق المعتقد والجنسية وأن الملك يمكن أن يكون على دين غير دين رعاياه) وانتهى سنة ١٩٤٦ بإدخال مصطلح: **"اللائكية"** في القانون الأساسي الفرنسي لأول

مرة. وتنص المادة الأولى من دستور ٢٧ أكتوبر ١٩٤٦ المؤسسين للجمهورية الرابعة **"على أن فرنسا جمهورية لا تتجزأ لائكية ديمقراطية و اجتماعية"**.

وردد دستور ٤ أكتوبر ١٩٥٨ المؤسس **للجمهورية الخامسة** الصيغة نفسها في مادته الثانية، وواصل: **"وتضمن المساواة أمام القانون لكل المواطنين بدون تمييز من حيث الأصل و العرق أو الدين، إنها تحترم كل المعتقدات"**، ولكن قبل أن تخلص إلى ذلك كم معارك دامية عرفت؟ (انظر كتاب آن ماري وجان مودوي Anne-Marie **"فرنسا تناهض فرنسا: الفصل بين الكنيسة والدولة"**). إن قانون ١ جويلية ١٩٠١ الخاص بحرية تشكيل الجمعيات قد استغل من أجل اعادة النظر في قانون الجمعيات الدينية الخاصة بالتعليم قبل قانون ٩ ديسمبر ١٩٠٥ الذي أعلن حرية التفكير والاعتقاد والذي اعتبرته الكنيسة الكاثوليكية مدعاة للحرب. إن الميثاق الذي وقعه نابليون والبابا سنة ١٨٠١ والذي نظم صلاحيات كل طرف في المسائل **"المختلطة"** أُلغي سنة ١٩٠٥.

وبالنظر إلى ما سبق ذكره، نتساءل عن جدوى الحديث عن مشكلة اللائكية في بلد مسلم كالجزائر حيث لا توجد لا سلطة كهنوتية ولا ديانات متضاربة؟ لماذا ترفع الحجج التي دفعت بالأوربيين (وقد كانوا على حق) إلى اللائكية في وجه الاسلام؟ ما الذي يقلق في الإسلام ويمكن أن يبرر ظهور المطالبة باللائكية؟

إن رؤية الإسلام للعالم من الناحية العلمية لا تشوبها شائبة حتى في نظريات الانفجار الأعظم Big bang والتحولية transformisme أو

الداروينية المحدثة néo-darwinisme، إن الإسلام لا يرتاع من اكتشاف أشكال أخرى للحياة في الكون أو ان يحتل الإنسان الفضاء. أما من الناحية الاقتصادية، فالإسلام مع حرية المبادرة ولا يعتبر أن الاغتناء عيب وفساد. أما سياسيًا، فان القرآن والسنة لم يقترحا للبشر صيغاً محددة في التنظيم الاجتماعي، بل بالعكس، فالسكوت عن ذلك هو ما كان سبباً في النزاعات السياسية التي قسمت صفوف المسلمين إلى: سنة وشيعة وخوارج.

وحينما نتأمل في طرائق التدخل الالهي، نكتشف إنها تحمل في داخلها أسمى معاني الديمقراطي لأنه عز وجل في أزليته وأبديته قبل بوجود معارض لعظيم سلطانه (ألم يرفض إبليس طاعته حينما أمره بالسجود لآدم كباقي الملائكة ؟). وأكثر من ذلك، حينما أعلن إبليس بعدما طرد من عرش الرحمان وجنته أنه سيكرس حياته أبد الدهر من أجل غواية وتضليل الجنس البشري ومعارضة تدابير العناية الإلهية، فإن رب السموات والأرض لم يقض عليه، ولكنه فضل أن يهب الإنسان العقل والبصيرة، حتى يكون حرًا تمام الحرية في اختيار بين الخير والشر. وبالإضافة إلى ذلك، فقد ضمن الله لآدم أنه ستنزل على ذريته دوريًا هداية منه وتذكيرًا. إن هذا الحوار بين الله وإبليس حسب النص القرآني قد ألهم غوته (Goethe) **"فاتحة السموات"** كما أوضحناه في مقال سابق.

وليس هناك من شيء يمنع البلدان الإسلامية في الظرف الدولي الحالي من أن تكون أنظمتها أنظمة جمهورية تمارس الديمقراطية البرلمانية وحرية الاعتقاد بالنسبة لغير المسلمين، أو من الانضمام إلى الاتفاقيات الدولية حول

السلم وحقوق الإنسان وتخويل **"سلطة الحل والعقد"** ليس للشارع بل إلى مؤسسات شورية شريفة تتشكل من رجال أكفاء، سواء في العلوم الشرعية أو في مختلف العلوم عموماً.

على كل، المشكل المستعجل الآن هو معرفة ما هو الأنفع لأي بلد مسلم: أن يحاول أن يستخلص من الإسلام ومن القيم الوضعية المعاصرة نموذجاً اجتماعيًا مقبولاً أو يطرد الإسلام من دياره؟

إن أنصار اللائكية في الجزائر يؤكدون أنه، بسبب احترامهم الكبير للإسلام أكثر من غيرهم، يتمنون أن يغلق عليه في بروج محصنة خوفاً عليه، إن الإسلام الحقيقي في نظرهم هو الذي يجب ألا يعلم في المدارس ولا يذكر في الدستور ولا تسري روحه في القوانين ولا يرد في برامج العمل السياسي. ما أشد حبهم وهيامهم به، حتى إنهم لا يريدون رؤيته مبتذلاً من جراء المغالاة والإفراط في استعماله.

في عملية سبر للآراء شملت الجالية المسلمة في فرنسا: أكثر من نصف المسلمين ملتزمون ويحترمون اللائكية(١٤)

١٩ أيلول ٢٠١٦

نفت نتيجة عملية سبر للآراء نشرت أمس، في فرنسا، أن تكون الجالية المسلمة المقيمة في هذا البلد من فئة المتشددين بدليل أن أكثر من نصفهم معتدلون ويقومون بممارسة شعائرهم الدينية دون الإخلال بمبادئ اللائكية.

وأكد الاستقراء أن ربع تعداد الجالية المسلمة فقط والمقدر عددها بحوالي سبعة ملايين نسمة يبدون تشددا في ممارسة شعائرهم الدينية، بينما

---

(١٤) جريدة المساء الجزائرية – الرابط:
https://www.el-massa.com/dz/index.php/component/k2/item/26462

اندمج أكثر من نصفهم في بوتقة المجتمع الفرنسي بعد أن تبنّوا مبادئ اللائكية ولم يعودوا يجدون حرجاً في ذلك.

وأنجز عملية السبر المعهد الفرنسي للرأي العام لصالح معهد "مونتانيي" ذي التوجهات الليبرالية، رغبة منه في معرفة التوجهات الانتخابية للجالية المسلمة في فرنسا في زخم العمليات الإرهابية التي ضربت عدة مواقع في فرنسا منذ جانفي ٢٠١٥، وعلى مقربة من الانتخابات الرئاسية المنتظر تنظيمها شهر ماي القادم.

وتحول الإسلام والمسلمين في فرنسا منذ الهجوم على أسبوعية "شارلي ايبدو" في الحادي عشر جانفي ٢٠١٥، إلى موضوع طاغٍ في خطاب مسؤولي مختلف الأحزاب السياسية الفرنسية من أقصى اليمين إلى أقصى اليسار الذين تباينت مواقفهم بين معاد لهم حد العنصرية والإقصاء وبين من يعتبرونهم جزء من تركيبة المجتمع الفرنسي الذي لا يجب الاستغناء عنه.

ودخلت مارين لوبان، رئيسة **الجبهة الوطنية** اليمينية المتطرفة ونيكولا ساركوزي، رئيس "**حزب الجمهوريين**" اليميني في تنافس حاد لتأكيد كرههم للعرب وكل ما هو مسلم، بينما يحاول الحزب الاشتراكي بقيادة الرئيس الحالي فرانسوا هولاند، ومختلف أحزاب اليسار التودد لجالية مسلمة أصبح ينظر إليها كوعاء انتخابي مهم في تحديد نتيجة انتخابات رئاسية مصيرية.

واعتمد منجزو عملية السبر في الحكم على مدى التزام المسلمين بمبادئ دينهم على ثلاثة معايير، وهي مدى تمسكهم بارتداء الحجاب وأكل اللحم الحلال وموقفهم من مبدأ اللائكية الذي تعتمده فرنسا كأحد مقومات دستورها التي لا يجب التساهل معها.

وخلصت عملية السبر إلى تأكيد وجود ثلاثة أوصاف للمسلمين وهم من سمّتهم بـ **"الأغلبية الصامتة"** الذين يمثلون ٤٦ بالمئة الذين قبلوا الاندماج في أوساط المجتمع الفرنسي، بينما أكدت أن أفراد الصنف الثاني من مسلمي فرنسا والذين قدرتهم بحوالي ٢٥ بالمئة أكثر ورعا ومتمسكين بهويتهم ولكنهم يرفضون ارتداء الحجاب بشكل كامل وتعدد الزوجات.

أما الصنف الثالث والأخير فقد قدرت عددهم بحوالي ٢٨ بالمئة وتم تصنيفهم ضمن شريحة المتدينين الذين يتبنّون نظاماً قيمياً يتعارض بشكل صريح مع قوانين الجمهورية الفرنسية بما يؤكد على أنهم على **"هامش المجتمع"**.

وما لفت الانتباه في عملية السبر أن الشباب المسلم يشكلون أغلبية الصنف الثالث ضمن جالية مسلمة نصف تعدادها لا تتعدى أعمارهم ٢٥ عاماً.

وتم إنجاز عملية السبر عبر الهاتف في المدة الممتدة ما بين يومي ١٣ أفريل و٢٣ ماي الماضي، وشملت ١٠٢٩ فرنسياً مسلماً تم اختيارهم من بين أكثر من ١٥ ألف مسلم من سكان العاصمة باريس، تتراوح أعمارهم ما بين

١٥ عاماً وما فوق من إجمالي جالية مسلمة تقدر بحوالي سبعة ملايين شخص.

على خلفية نقاش "العلمانية وموقع الإسلام في فرنسا"

هل تحولت العلمانية في فرنسا إلى دين؟([١٥])

بقلم: إبراهيم الخشباني

١١ /٤ /٢٠١١

رهاب الإسلام لا يزال يستولي على بعض العقول المريضة في دوائر القرار العليا بفرنسا، فقد انتهى **"النقاش"** الذي دعا إليه حزب الرئيس الفرنسي **"نيكولا ساركوزي"**، **"الاتحاد من أجل حركة شعبية"**، حول **"العلمانية وموقع الإسلام في فرنسا"** وسط احتجاجات واعتراضات من قبل المنظمات والجمعيات الإسلامية، ومقاطعة حتى بعض رموز الحزب الحاكم، وعلى رأسهم رئيس الوزراء **"فرانسوا فيون"**. هذا النقاش الذي ما كان له أن يكون شهد تبايناً وخلافات في وجهات النظر التي ترفض ما يسميه مرضى الإسلاموفوبيا بـ **"الإسلام الفرنسي"** الذي يدعو خطباء

([١٥]) نقلاً عن جريدة التجديد المغربية – الرابط:
https://www.maghress.com/attajdid/65657

الجوامع الإسلامية إلى إلقاء خطبهم الدينية باللغة الفرنسية، وتنظيم الاحتفالات والممارسات الدينية ضمن القوانين الفرنسية، بل وحتى إلى تكوين علماء شريعةٍ إسلامية تخضع لمبادئ **الجمهورية العلمانية**، فعلى الرغم من تأكيد الأمين العام للحزب الحاكم في فرنسا "**جان فراسوا كوبيه**" على أن بلاده تحترم جميع الأديان وعلى عدم وجود أي مبرر لمخاوف الجاليات الإسلامية من هذا النقاش، قائلاً: "**كم أنا مسرور من سير النقاش الذي جرى بشكل معتدل، ووسط احترام متبادل، فممثلو الأديان والعلمانيون عبروا بكل حرية عن آرائهم، ولا بد من القول بأن القوانين الفرنسية تحترم الأديان ولا تتعارض مع ممارسة الدين كحرية فردية، ولا أعرف لماذا هذا الخوف من هذا النقاش الذي جرى؟**".

على الرغم من هذا الخطاب المطمئن فإن مسلمي فرنسا يشعرون منذ مدة بأنهم مستهدفون من مسلسل استصدار قوانين تلو قوانين تضيق عليهم ممارسة شعائر دينهم بكل حرية. وتحاشى المشاركون في نقاش يوم الخامس من هذا الشهر توجيه أصابع الاتهام إلى الإسلام، والتزموا بأن تبدو رسالة النقاش هي "**العيش بسلام**".

النقاش الذي دعا إليه الحزب الحاكم في فرنسا قاطعه — إلى جانب ممثلي الجالية المسلمة ممثلو الديانات الكبرى الأخرى في فرنسا كذلك — رافضين المشاركة في أي نقاش حول "**العلمانية والإسلام**"، ومعبرين عن قلقهم في بيان نشروه مع انطلاق النقاش، ووقع عليه ممثلو الكاثوليك والبروتستانت والأرثوذكس والمسلمين واليهود والبوذيين في فرنسا، مؤكدين أن:

"العلمانية من ركائز ميثاق فرنسا الجمهوري ودعائم ديمقراطيته وأساس الرغبة في العيش المشترك؛ لأن قانون اللائكية لسنة ١٩٠٥ قد أسس الرغبة في العيش المشترك، وأن فرنسا ليست بحاجة إلى قوانين أخرى، بل إن اعتماد نقاش حول اللائكية يعتبر تجاوزاً لقانون ١٩٠٥"، غير أنهم رفضوا استعمال العلمانية حسب الرغبة والحاجة للتضييق على دين معين، هو وحده المقصود دائماً بمثل هذه الخرجات الانتخابوية، فقد جاء الإعلان عن النقاش بعد عدم نجاح حزب الرئيس "ساركوزي" في استمالة ناخبي حزب "لوبين" اليميني المتطرف **الجبهة الوطنية** الذي حقق تقدماً واضحاً في انتخابات الجهات التي جرت أخيراً، مما يجعل من رئيسته **مارين لوبين** مرشحة بقوة لإزاحة "ساركوزي" من "الإيليزي" في انتخابات ٢٠١٢.

ورفض **الحزب الاشتراكي** المعارض من جهته بشدة هذا النقاش، واعتبرت أمينته العامة "مارتين أوبري" أنه يأتي لدوافع انتخابية، ولكسب أصوات اليمين المتطرف.

ديمقراطيون.. ولكن

إن زعيمة **الحزب الاشتراكي** ومعها أقطاب حزبها من أمثال رئيس وزراء فرنسا الاشتراكي الأسبق "لوران فابيوس" سرعان ما خضعوا لضغوط **اللوبي الصهيوني** في فرنسا وسحبوا توقيعهم من النداء الموجه إلى الحكومة الفرنسية لإلغاء هذا النقاش حول العلمانية في فرنسا بعد أن وقع عليه إلى

جانب الموقعين الآخرين، البروفيسور طارق رمضان، الذى كان والده محمد سعيد رمضان قد أجبر على الهجرة من مصر فى إطار الخلافات الشهيرة بين الرئيس الراحل جمال عبد الناصر وحركة "**الإخوان المسلمون**".

يذكر أن الدكتور محمد سعيد رمضان هو زوج ابنة حسن البنا مؤسس حركة "**الإخوان المسلمون**"، وهو كان محامياً شاباً تولى الدفاع عن قيادات "**الإخوان**"، في محاكمتهم الأولى على عهد جمال عبد الناصر سنة ١٩٥٤. واضطر بعد ذلك إلى الهرب إلى المغرب الذي قضى به بضع سنوات قبل أن يهاجر إلى سويسرا حيث أنجب هناك أبناءه ومنهم طارق الذي ولد في سويسرا سنة ١٩٦٢.

ولقد سارعت "**مارتين أوبرى**" التى لا تخفي عزمها الترشح باسم **الحزب الاشتراكى** للانتخابات الرئاسية الفرنسية لعام ٢٠١٢ إلى سحب توقيعها من النداء الذي نشرته مجلة "**لونوفيل أوبسرفاتور**" ومجلة "**ريسبيه ماج**" موجَّها للحكومة الفرنسية لإلغاء النقاش حول العلمانية فى فرنسا حتى لا ينظر إليه على أنه يستهدف أساساً الإسلام، بعد أن شن عليها **حزب الاتحاد من أجل الحركة الشعبية** (حزب الرئيس "**ساركوزى**" اليمنى الحاكم) هجوماً شرساً لقبولها التوقيع على وثيقة تضمنت اسم المفكر الإسلامي طارق رمضان.

وصرحت "مارتين أوبري" أنها قررت سحب توقيعها من الوثيقة بعد أن علمت بوجود اسم طارق رمضان من بين الموقعين، مشيرة إلى أنها لم تكن لتوقع عليها لو كانت تعلم أن طارق رمضان من بين الموقعين.

من جانبه أكد لوران فابيوس (يهودي الديانة) أنه وقع على النداء المطالب بإلغاء النقاش حول العلمانية حتى لا يبدو موجها ضد الإسلام قبل أن يوقع عليه طارق رمضان، موضحاً أنه بادر برفع أسمه من النداء بعد أن علم بتوقيع طارق رمضان عليه.

هكذا تكون الديمقراطية مغشوشة حتى في الدول التي تدعي أنها مركز الحريات، فحتى اليسار هناك يصرح بوقاحة أنه يرفض وضع توقيعه إلى جانب مفكر لمجرد اختلافه معه في الدين وفي الرأي.

ومن جانبه انتقد رئيس تحرير بمجلة "ريسبيه ماج"، **"مارك شاب صن"** موقف **"مارتين أوبرى"** و**"لوران فابيوس"** واصفاً انسحاب اثنين من أهم زعماء **الحزب الاشتراكى** من النداء المطالب بإلغاء النقاش حول **العلمانية الفرنسية** بأنه كارثة لأنه يضعف المطالبة بإلغاء النقاش الذى دعا إليه الرئيس الفرنسي **"نيكولا ساركوزى"** بعد أن أصبح من الواضح أن هذا النقاش يستهدف أساساً نشر الخوف في قلوب الفرنسيين من الإسلام وليس حماية **العلمانية الفرنسية** كما هو معلن، بغرض كسب تأييد أنصار اليمين القومي المتطرف في فرنسا. ويشار إلى أن أنصار اليمين المتطرف فى فرنسا يلقون عادة على المهاجرين بمسؤولية كل ما تعانيه فرنسا من مشاكل، خاصة زيادة معدلات البطالة وارتفاع نسبة الجريمة .

وقال "شاب صن" فى مقال نشره في مجلته، إن طارق رمضان لم يفعل أكثر من التوقيع على النداء، مشيراً إلى أن طارق رمضان ليس هو صاحب مبادرة المطالبة بإلغاء النقاش حول العلمانية أو حتى ممن ساهموا في تحرير النداء.

وقال "شاب صن"، إن توقيع طارق رمضان على النداء لا يعنى أن الموقعين عليه يعتنقون نفس أفكاره ولكن يعنى أنهم متفقون معه على ما جاء فى النداء المطالب بإلغاء النقاش حول العلمانية حتى لا يبدو وكأنه موجه ضد الإسلام والمسلمين.

وأشاد "شاب صن" ببعض مواقف طارق رمضان المنفتحة مثل تأييده لحقوق المرأة ومطالبته بتعطيل رجم المرأة الزانية بالحجارة، إضافة إلى مطالبته الدائمة للمسلمين الأوروبيين بالعمل على الاندماج في المجتمعات الغربية. لا سيما رفضه الواضح للبرقع والنقاب والخمار مطالبا المرأة الفرنسية المسلمة بالاكتفاء بالحجاب بوصفه أكثر ماطالبت به الشريعة الإسلامية.

ومن جانبه علق المفكر الإسلامي طارق رمضان الذي لا يحمل الجنسية المصرية على الجدل الدائر حول توقيعه بين **حزب الاتحاد من أجل الحركة الشعبية الحاكم** وبين **الحزب الاشتراكي** الفرنسي المعارض بأنه يصب في مصلحة زعيمة اليمين المتطرف في فرنسا **"مارين لوبن"؛** التي لا تستبعد بعض استطلاعات الرأي العام أن تصل إلى الدور الثاني والحاسم للانتخابات الرئاسية الفرنسية القادمة في مواجهة مرشح **الحزب الاشتراكي** على حساب الرئيس **"ساركوزى"** الذي يعانى في الوقت الحالي من تدنى

شعبيته بسبب سياساته الداخلية والخارجية، لا سيما بعد فشله في توقع اندلاع الثورتين المصرية والتونسية.

وقال طارق رمضان، إنه لو أنفقت "مارين لوبن" زعيمة **حزب الجبهة الوطنية** كل ما تملك من أموال للدعاية لنفسها ولأفكارها المتطرفة قبل عام من إجراء الانتخابات الرئاسية الفرنسية، ما حققت نتائج أهم مما حققها لها الجدل الدائر حالياً بين الحزبين الكبيرين بشأن توقيعه على الوثيقة التي تطالب فقط بعدم استخدام النقاش حول العلمانية كوسيلة لتخويف الفرنسيين من الإسلام.

يذكر أن فرنسا أصبحت دولة علمانية لا دين لها عندما فصل قانون العلمانية الصادر عام ١٩٠٥ بين الدولة والكنيسة بعد أن كانت الكنيسة الكاثوليكية تلعب دوراً كبيراً في الحياة السياسية في فرنسا. ومنذ صدور قانون العلمانية أصبح يحظر على الرئيس الفرنسى على سبيل المثال بدء أحاديثه بعبارة باسم الله.

والمفكر الإسلامي طارق رمضان المتزوج من فرنسية ويتحدث الفرنسية بطلاقة، يثير الجدل أيضاً في الشرق المسلم مثلما يثيره في الغرب المسيحي؛ فقد اتهمه بعض المفكرين المسلمين في الشرق بأنه يجتهد في تفسير النص لإرضاء الغرب مثل مطالبته بالتوقف عن تطبيق الحدود كحد رجم الزانية وقطع يد السارق وهي الحدود التي يعتبرها الغرب وحشية وغير آدمية.

كما يتهمونه بالعمل على أرضاء الغرب بإدانته للعمليات الانتحارية ضد المدنيين في إسرائيل فضلاً عن إقراره بوقوع "**المحرقة**" التي يزعم اليهود أن الزعيم النازي أدولف هتلر قتل بنارها نحو ٦ ملايين يهودي أوروبي.

كما يعتبر منتقدو طارق رمضان في الشرق أنه يسيء إلى الإسلام عندما يحاول إرضاء الغرب؛ مشددين على ضرورة تقديم الإسلام للآخرين في حقيقته كما هو وكما يفهمه أهله وفق أصول الفقه وقواعد التفسير واللغة العربية على أساس أنه لا يوجد في الإسلام ما يخجل منه المسلمون ليستجدوا الغرب ليقبلهم ويبتسم لهم.

ولم يستطع الداعون إلى النقاش، على الرغم من تأكيدهم في كل مرة على أن النقاش هو فقط نقاش حول اللائكية في فرنسا، وعلاقتها بجميع الأديان، أن يخفوا استهداف الإسلام وحده بالنقاش، عندما غلبت التسمية الأولى للنقاشحنقاش حول الإسلامخ التي خلقت انزعاجاً كبيراً في صفوف مسلمي فرنسا مما دفع "**فرانسوا فيون**" الوزير الأول الفرنسي إلى تصحيح التسمية واعتباره نقاشاً "**حول اللائكية في فرنسا**". ولكن الهواجس غلبت على الأفكار فتكرست التسمية الأولى: "**نقاش حول الإسلام**"، لأنه هو المستهدف وليس غيره.

ويرى الملاحظون والمهتمون بالشأن السياسي الفرنسي أن هذا النقاش، له أهداف مغرضة وانتخابية صرفة، فهو يأتي قبل الانتخابات الرئاسية من جهة، كما يأتي كخطوة لوقف زحف اليمين المتطرف المتمثل في **الجبهة الوطنية** بزعامة "**مارين لوبان**" التي جعلت من الإسلام محورا لحملتها

الانتخابية المقبلة. كما يرون أن حزب الرئيس "**نيكولا ساركوزي**" إنما يحاول من خلال هذا النقاش كسب أصوات ناخبين يمينيين تركوه واتجهوا لتأييد **حزب الجبهة الوطنية** اليميني المتطرف، طبقاً لاستطلاعات الرأي التي أجريت الأسبوع الماضي.

وتشير جميع الدلائل إلى أن فرنسا ستكون في المستقبل مجبرة بشكل أو بآخر على أن تواجه مشكل الإسلام لديها بجميع ما يستتبع وجوده على أرضها سياسياً واجتماعياً، وأن تخرج من موقف المتفرج. ويبدو ذلك واضحاً في الاقتراح الذي تقدم به "**ساركوزي**" نفسه بسن تشريع استثنائي لا يأخذ في الاعتبار مستلزمات قانون ١٩٠٥، الذي يمنع بناء الكنائس أو الإنفاق عليها من مال الدولة، ولا يأخذ قيوده في الاعتبار، من أجل مساعدة المسلمين على بناء دور للعبادة على أن يغلق باب الاستثناء بعد ذلك. فمثل هذا الإجراء، في رأيه، يحمي فرنسا من التدخّل الخارجي في ما يتعلق بالمسلمين. وهو يعني بالتدخل الخارجي إقدام بعض الدول العربية على التبرّع لمسلمي فرنسا حتّى يتمكّنوا من بناء الجوامع.

ولا شكّ أنّ الدولة الفرنسية تبدي انزعاجاً شديداً من ذلك لأنه، بالإضافة إلى تنامي بناء المساجد مقابل تناقص بناء الكنائس بحكم أن أغلب المسيحيين لم يعودوا يمارسون شعائرهم، ولا ينفقون على بناء دور عباداتهم، عكس المسلمين الذين ينفقون على تلك الدور بسخاء، فإنه كذلك يضع بعض المجموعات الإسلامية الفرنسية تحت تأثير الدول المانحة على أكثر من

صعيد. ولا يخفى على أحد هنا أن المسألة ليست مجرد سياسة مرافقة مادية بل إنّ وراءها منطق الاحتواء والمراقبة الأمنية.

ماذا يريد ساركوزي بالضبط؟

المتتبع لمسار الرئيس الفرنسي **"نيكولا ساركوزي"** يلاحظ بشكل واضح عداءه للإسلام والمهاجرين، إذ أنه قد أعلن في ١٨ يناير ٢٠٠٨ عند لقائه بسفراء الدول الأجنبية بباريس أن البشرية تواجه تحديين كبيرين هما البيئة وعودة الدين لجلّ المجتمعات، وأن المفهوم الذي يتصوره للعلمانية يعطي مكانة للدين بشكل ايجابي.

ولاشك أن كلام رئيس الجمهورية الفرنسية لم يأت اعتباطاً، فالرجل لم تصدر أفكاره عن السلوك الفضائحي والاستفزازي الذي يتهم به؛ لأن المشكلة التي يطرحها تنبع من قضايا حقيقية لا بد من مواجهتها وهي بعض من إرث فرنسا اللائكي من جهة وتاريخها الاستعماري من جهة أخرى؛ ومنها مشكل الإسلام السياسي في فرنسا. لقد وجد الإسلام في فرنسا نفسه أسير قانون اللائكية الذي يمنع الدولة من المساهمة بأي شكل من الأشكال في تمويل أي مشروع ديني، فترتّب على ذلك انتشار المساجد العشوائية للصلاة تحت الأرض، في الأقبية وفي السراديب وفي مواقف السيارات. وهو وضع يمكن أن يفجّر حالة من الغضب لدى الشباب الفرنسي المسلم الذي يعاني حسب ما جاء في تقرير **"جي مجدولند"**، المكلفة من طرف **لجنة حقوق الإنسان التابعة للأمم المتحدة** في سبتمبر ٢٠٠٧؛ من العنصرية وعدم تكافؤ الفرص وعدم الاعتراف بحقوقهم المشروعة في إعلان هويتهم

الثقافية المتميزة، كاستخدام لغاتهم القومية أو ممارسة معتقداتهم الدينية والاعتراف بها من قبل قوانين الدولة الوطنية.

إحباط من التفرقة والعنصرية

يعاني المسلمون في فرنسا التفرقة والعنصرية ممّا ولد لديهم شعورا عاماً بالإحباط والمرارة والرغبة في الانتفاض. فمعظم الشباب الذين التقت بهم السيدة "**جي مجدولند**" في إطار بحثها عبّروا لها عن حجم الإحساس بالخديعة وعن اعتقادهم أن الدولة الفرنسية لم تكن على موعدها أو وعدها معهم، وأن علاقاتهم مع الرموز السياسية في البلد تقتصر على فترة الانتخابات، وما إن يتم تعيين هذا المسؤول في هذا المنصب أو ذاك؛ حتى يختفي وينسى أبناء هذه الضواحي المعذبة، المسكونة بالتذمر، وهذه الأماكن المغلقة التي تنتشر فيها البطالة. ومن المعلوم أن بعض الأماكن التي يتركز فيها وجود الفرنسيين المسلمين من الأصول المهاجرة تبلغ نسبة البطالة بها حدود الأربعين في المائة وأكثر.

ولا يعود ذلك إلى أن هؤلاء غير قادرين على العطاء، أو لأنهم لا يبحثون عن عمل؛ ولكنّه وضع يرتبط في كثير من الأحيان بلون بشرتهم أو الإسم العائلي الذي يحملونه، أو الديانة التي يعتنقونها، فهذه الضروب من التمييز تجعل منهم محل رفض، أو تشكيك، وتحرمهم من فرصة الحصول على العمل.

وكرد فعل على هذا؛ أخذ الكثير من الشباب الفرنسي المنتمي إلى عائلات مهاجرة من بلدان إسلاميّة في كثير من الأحيان شكل التعبير الديني مثل ارتداء الحجاب والإقبال على الصلاة؛ وكأنّهم يقولون بذلك للفرنسيين نحن الآن هنا أقل غربة، بل لكأننا في بلاد الإسلام. وهو ما جعل بعض رجال الدين المسيحيين يصرخون متسائلين لماذا تقفر الكنائس وتمتلئ المساجد؟

إننا إذن أمام تحول جذري في أساليب المواجهات الانتخابية في فرنسا والغرب عموما، فلم يعد العامل الوحيد هو مدى التقرب من اللوبي الصهيوني المتحكم هناك في الإعلام والاقتصاد هو الورقة الانتخابية الوحيدة التي يرفعها من يسعى للرئاسة، ولكن أصبحت كذلك ورقةُ من يضيق أكثر على الإسلام والمسلمين ويُظهر العداء أكثر لهذا الدين ومعتنقيه في أوروبا؟.

"الإسلام الفرنسي" كأداة لمواجهة الإرهاب([١٦])
دعوة لعودة حالة الطوارئ وتشديد الإجراءات

الاثنين – ٢٣ رجب ١٤٣٩ هـ – ٠٩ أبريل ٢٠١٨ مـ

رقم العدد [١٤٣٧٧]

الرباط: خالد يايموت

أظهر استطلاع للرأي أجرته "**فرنس إنفو**" وجريدة "**لوفيكغو**"، بتاريخ ٢٩ مارس (آذار) ٢٠١٨ وشمل ١٠٠٥ فرنسيين، يمثلون مختلف الانتماءات والميول السياسية والآيديولوجية؛ أن ٦١ في المائة من الفرنسيين مع تشديد الإجراءات المواجهة للإرهاب، حتى لو أدى المزيد من الإجراءات الجذرية، إلى الحد من حرياتهم الخاصة. كما عبر ٨٨ في المائة عن رغبتهم في حظر "**السلفية**" بفرنسا؛ مما أثار نقاشاً حول إمكانية تحقيق مثل هذه الرغبة،

---

(١٦) جريدة الشرق الأوسط اللندنية.

حيث عبر رئيس الوزراء السابق إيمانويل فانس عن رغبته في تحقيق الحظر، فيما اعتبره ٥٢ في المائة من المستجوبين أمراً غير قابل للتحقيق.

وفيما يخص التعامل مع اللوائح المتعلقة بالمبحوث عنهم في قضايا أمن الدولة. أظهر الاستطلاع تأييد ٨٨ في المائة من المستجوبين، وضع المسجلين **"خطر على الدولة"** رهن **الاعتقال الإداري**. وقد دفعت هذه النسبة المثيرة للدهشة بكريستوف كاستانر، المندوب العام للحزب الحاكم، للقول إن وضع اللوائح بهذا الشكل المطروح، فكرة سيئة لأننا **"نذهب إلى السجن عندما يتم الحكم علينا، وليس عندما نكون مشتبهين"**.

ويمكن القول، إن أسوء تدبير من أجل مكافحة الإرهاب، والذي نال تأييداً جارفاً، هو ذلك المتعلق **بالاعتقال الإداري**؛ حيث دعت ٨٧ في المائة إلى وضع الأفراد **"المشتبه بكونهم خطراً على الدولة"**، في السجن الإداري؛ ومن الغريب فعلاً أن نجد أن نسبة ١٣ في المائة من الفرنسيين فقط، عارضوا هذه الفكرة الماسة بحقوق الإنسان. وسيراً على هذا النهج، طالب ٨٣ في المائة من المستجوبين، بطرد الأجانب المبحوث عنهم في قضايا أمن الدولة، خارج فرنسا.

غير أن المفاجأة الكبرى، كما أطلق عليها الكثير من المختصين الفرنسيين في قضايا الإرهاب، تكمن في النسبة الكبيرة التي طالبت بعودة **حالة الطوارئ**؛ حيث أيدت نسبة ٦١ في المائة الإعلان من جديد عن حالة الطوارئ، رغم رفعها بسنّ **قانون الإرهاب** الذي وافق عليه البرلمان الفرنسي بتاريخ ٢٠١٧.١٠.٠٣، علماً بأن هذا القانون وسّع من الصلاحيات

الأمنية للدولة فيما يخص التدبير والإجراءات الخاصة بمكافحة الإرهاب داخل فرنسا. ويأتي هذا النقاش العمومي، في الوقت الذي يقترح الرئيس الفرنسي الحالي إيمانويل ماكرون، طرحاً أكثر شمولية بخصوص هيكلة **الإسلام الفرنسي**.

كما يتزامن هذا الجدل الديني والسياسي مع اعتماد مشروع قانون "**دولة في خدمة مجتمع الثقة**" من قِبل **مجلس الشيوخ** الفرنسي يوم الثلاثاء ٢٠ مارس. وتنص المادة ٣٨ منه على إزالة الجمعيات الدينية من قائمة جماعات الضغط وممثلي المصالح. مما اعتبر انتصاراً من **مجلس الشيوخ**، لفكرة التضييق على الجمعيات الدينية؛ كما عبّرت **منظمة الشفافية الدولية** في فرنسا عن قلقها من هذا القرار، واعتبرته "**أول حملات القمع لقانون سابين ٢**" الخاص بالشفافية. وأن هذا التشريع الذي صوّت عليه ٢٠٨ وعارضه ١٩ عضواً، يمثل تراجعاً للرئيس ماكرون عن التزاماته الانتخابية الخاصة بالشفافية.

ورغم ما يحمله مثل هذا النقاش من بعد آيديولوجي وثقافي، فإنه في العمق هو محاولة من المسلمين والعلمانيين اليمينيين لطرح بجموعة من الأفكار والهواجس، واستباق الخطة الوطنية لهيكلة الإسلام التي يعتزم الرئيس الفرنسي إيمانويل ماكرون طرحها بفرنسا، في النصف الأول من سنة ٢٠١٨. وكان ماكرون، الذي كان يشغل وزيراً للاقتصاد، قد أكد في أكتوبر (تشرين الأول) ٢٠١٦ في تصريح له بتجمع بمدينة مونبليبه بجنوب فرنسا، أن بلاده

ارتكبت بعض "**الأخطاء باستهدافها المسلمين بشكل غير عادل**"، وأن تطبيق العلمانية بالجمهورية يمكن أن يصبح أكثر مرونة.

كما عبّر عن موقف جد إيجابي تجاه الأديان، في وقت سياسي ارتفعت فيه أصوات كثيرة مناهضة للمسلمين إثر الهجمات العنيفة التي تعرضت لها مدينتا نيس وباريس سنة ٢٠١٥ و٢٠١٦؛ ورغم ذلك أكد ماكرون في النشاط السياسي نفسه بمونبيليه، أنه "**لا يمثل أي دين مشكلة في فرنسا في الوقت الحالي. إذا كان ينبغي أن تكون الدولة محايدة ... وهو ما يأتي في صلب العلمانية ... فمن واجبنا ترك كل شخص يمارس دينه بكرامة**".

وفي إطار رؤيته لفرنسا جديدة، يطرح الرئيس ماكرون تصوره الشامل بخصوص الإصلاح "**الديني**" وإعادة هيكلته. ويستند الرئيس الفرنسي الحالي، إلى تصورات فلسفية لأطروحة كل من الفيلسوف الكبير يورغن هابرماس الخاصة بـ "**ما بعد العلمانية**"، وعودة الدين للفضاء العام. كما يستند إلى تصورات الأنثربولوجي التونسي يوسف صديق، إلى جانب الطرح التبسيطي الذي يقدمه زميل ماكرون ومستشاره الكاتب الفرنسي حكيم القروي؛ هذا الأخير ألّف آخر كتاب له بعنوان: "**الإسلام، ديانة فرنسية**"، دعا فيه إلى دعم "**تيار التمرد الثقافي**"، الذي ظهر في وسط مسلمي فرنسا. كما دعا القروي إلى هيكلة الإسلام الفرنسي وانتخاب "**إمام عظيم**"، شبيه بالحاخام اليهودي العظيم لدى الطائفة اليهودية الفرنسية. وفي محاولته لإجمال هذا التصور، يقول الرئيس الفرنسي: "**هدفي يتمثل في العمل على تأسيس**

قلب العلمانية، أي الحرية في أن يتبع المرء ديناً ما أو ألا يؤمن أصلاً إذا أراد؛ وذلك من أجل الحفاظ على الوحدة الوطنية وحرية المعتقد".

ويبدو اليوم أن الرئيس الفرنسي يسارع الزمن لطرح مشروعه لهيكلة الإسلام أمام المؤسسات الدستورية والرأي العام. فقد سبق له أن أكد على حساسية هذا الموضوع، وأنه يسعى لاستقلالية الإسلام الفرنسي وتميزه عن غيره. وبناءً على ذلك، قال ماكرون، أنا "**بصدد التقدم خطوة بخطوة في هذه المسألة، وسأتشاور مع الكثير من الخبراء، من مثل، أستاذ العلوم السياسية المتخصص في الإسلام والعالم العربي المعاصر، جيل كيبل، إلى جانب استشارة المعاهد المتخصصة، مثل معهد مونتين، فضلاً عن الاستعانة بممثلي جميع الأديان لتقديم وجهات نظرهم**".

ويضيف ماكرون في هذا الصدد: "**سأواصل استشارة الكثيرين. فأنا التقي بمثقفين وجامعيين، وممثلين عن كل الديانات؛ لأني أعتقد أنه يجب أن نستلهم تاريخنا بقوة، تاريخ الكاثوليكية وتاريخ البروتستانتية**".

وفيما يُخص بعض التفاصيل المتداولة حول المشروع الجديد للرئيس الفرنسي، تتحدث بعض وسائل الإعلام عن خمسة محاور رئيسية، هي:

أولاً: إعادة تأسيس الهيئات التمثيلية للمسلمين، ووضع إطارات قانونية جديدة لذلك. الشيء الذي يعني أن القوانين الحالية والتنظيمات المتنوعة الحالية في المشهد الإسلامي الفرنسي، قد تتعرض للحظر، وبخاصة تلك التابعة للدول العربية أو التنظيمات الحركية الإسلامية.

ثانياً: يقترح مشروع ماكرون، تنظيم قضية تمويل دور العبادة ومراقبتها من طرف الدولة الفرنسية؛ غير أن هذا يطرح إشكالية وضع الدين الإسلامي تحت السيطرة المباشرة للدولة **العلمانية الفرنسية.**

ثالثاً: وضع آليات جديدة لمراقبة الحسابات والجهات الممولة للمساجد، سواء بُنيت المساجد من طرف الفرنسيين، أو تلك التي تشيّد بمساعدة مع الدول العربية والإسلامية.

رابعاً: تكوين فرنسا لأئمة مساجدها؛ وهذا يعني الاستغناء عن الأئمة الوافدين من الدول العربية والإسلامية، وكذا منع مزاولة الإمامة من دون تصريح وتكوين معترف به من الدولة الفرنسية.

خامساً: الوصول إلى مرحلة يستقل فيها **الإسلام الفرنسي** بشكل تام عن الإسلام في الدول الأخرى؛ ومن ثَم إبعاد الدين والمتدينين عن التأثيرات الأجنبية والصراعات السياسية المرتبطة بالخارج.

يأمل مشروع هيكلة "**الإسلام الفرنسي**"، الموضوع رهن الدراسة والبحث في الإليزيه، بالتعاون مع وزارة الداخلية والأديان، أن يخلق هيئات جديدة تمثيلية للمسلمين. وأن يحقق في النهاية، إنجازاً تاريخياً، ليس من الزاوية الدينية أو السياسية فقط؛ بل من جانب بناء رؤية معرفية، تكتشف كنه العلمانية بتعبير ماكرون. وفي الوقت نفسه تنجز منعطفاً تاريخياً للدولة الفرنسية المعاصرة، من خلال إنجاز تعاقد مع المسلمين بفرنسا يشبه ذلك التعاقد والحل المنجز مع الكنيسة الكاثوليكية؛ وبالتالي تحديد العلاقة بين

الإسلام والجمهورية، والانتقال إلى تعاون وعلاقة هادئة بين الإسلام والدولة في مكافحة الأصولية، وإدخال **الإسلام الفرنسي** في دائرة الحداثة.

خلاصة

يبدو أن ما تطرحه المطالب الشعبية، من تشديد وتعزيز الإجراءات ضد الإرهاب؛ يمثل حلقة من حلقات النقاش السياسي المتنامي حالياً في الفضاء العام الفرنسي، حول الإسلام والدولة.

إلا أن الجدل الحالي، يُمكّننا من تسجيل ثلاث ملاحظات أساسية. أولها: أن النقاش حول الإسلام تعرض لنوع من التحرير، منذ كشف الرئيس ماكرون عن عزمه طرح مشروع متكامل يتعلق بـ **الإسلام الفرنسي**. غير أن هذه الخطوة لا تخلو من سباق سياسي آيديولوجي وانتخابي بين اليمين واليسار الفرنسيين، كما أظهرت نوعاً من الازدواجية في طرح العلمانية؛ بحيث يمكن الحديث عن **العلمانية الصلبة**، وبين العلمانية المتطورة التي يطرحها ماكرون، مستنداً إلى ما يطلق عليه "كنه وجوهر العلمانية".

أما الملاحظة الثانية: فتتعلق ببناء الثقة بين المؤسسات الإسلامية القائمة حالياً، ومؤسسات الرئاسة وما تطرحها من أفكار. وفي هذا الإطار، يظهر أن هناك عملاً جباراً ينتظر المؤسسات الرسمية الفرنسية، لجسر الهوة بينها وبين المنظمات المدنية الإسلامية. ومن المؤشرات الدالة على ذلك تصريح رئيس **المجلس الإسلامي الفرنسي** أحمد أوغراش، الذي حذر من

نوايا ماكرون المتضمنة فيما طرحه من أفكار؛ فقد قال أوغراش للصحافة: "لا وصاية للدولة الفرنسية على الإسلام"، وأضاف: "إننا في دولة علمانية، ويمكن لماكرون بصفته رئيساً للجمهورية أن يتقدم بتوصيات فقط في هذا الشأن وتسهيل مهامنا، فإجراء إصلاحات في المجلس الإسلامي هي مهمتنا ومسؤوليتنا نحن فقط".

الملاحظة الثالثة: أن المطالبة بالإجراءات القاسية، مثل عودة **حالة الطوارئ**، ووضع المشتبه فيهم رهن الاعتقال الإداري، نالت دعماً كبيراً من المنتمين والمتعاطفين مع الأحزاب المشكلة للائتلاف الحاكم الحالي، والذي شكّله رئيس الدولة. الشيء الذي يقوي من سلطة وسياسة إيمانويل ماكرون، سواء تلك المتعلقة بسنّ وإحداث تدابير جديدة ضد الإرهاب؛ أو تلك المتعلقة بمشروع هيكلة الإسلام، والذي أعلن الرئيس أنه سيطرحه في النصف الأول من سنة ٢٠١٨.

* أستاذ زائر للعلوم السياسية بجامعة محمد الخامس في الرباط

٧٠ % من مسلمي فرنسا يفضلون الشريعة على العلمانية(١٧)

دنيا حسانين

أخبار العالم ١٨ / ٩ / ٢٠١٦

أفادت وكالة "**رويترز**" الإخبارية، اليوم الأحد، بأن أكثر من ٧٠ % من المسلمين الفرنسيين يرفضون القوانين العلمانية التي تحكم البلاد ويفضلون الشريعة الإسلامية، بحسب استفتاء نشر في صحيفة "**جورنال دو ديمانش**" الأسبوعية ...

---

(١٧) جريدة التحرير المصرية — الرابط:
https://www.tahrirnews.com/Posts/printing/492900/%D9
%81%D8%B1%D9%86%D8%B3%D8%A7+%D8%A7%D9%84%
D8%A7%D8%B1%D9%87%D8%A7%D8%A8+%D9%85%D8%
B3%D9%85%D9%84%D9%88-
%D9%81%D8%B1%D9%86%D8%B3%D8%A7

أفادت وكالة "**رويترز**" الإخبارية، اليوم الأحد، بأن أكثر من ٧٠ % من المسلمين الفرنسيين يرفضون القوانين العلمانية التي تحكم البلاد ويفضلون الشريعة الإسلامية، بحسب استفتاء نشر في صحيفة "**جورنال دو ديمانش**" الأسبوعية الفرنسية.

وتابعت أن عدد المسلمين في فرنسا يبلغ من ٣ إلى ٤ ملايين مسلم فرنسي، وكانت نتيجة الاستطلاعات أظهرت ٢٠ % للمسلمين الذكور، و٢٨ % من المسلمات أيدوا ارتداء الحجاب والنقاب في الشوارع الفرنسية.

وأضافت الصحيفة أن ٦٠ % أيدوا ارتداء الفتيات المسلمات للحجاب في الجامعات الفرنسية، الأمر الذي منعته المؤسسات العامة في البلاد بموجب القوانين العلمانية الفرنسية.

خلاف فرنسي حول الاحتفاء بالبابا(¹⁸)

٢٠٠٥ / ٤ / ٦

مرة أخرى انقسمت فرنسا لمسألة العلمانية الشائكة في أعقاب إصدار أوامر رسمية في البلاد بتنكيس الأعلام حداداً على رحيل البابا يوحنا بولس الثاني.

كما حث وزير الداخلية الفرنسي دومينيك دو فيلبان كبار المسؤولين الإقليميين بحضور القداس الجمعة — تزامناً مع يوم جنازة البابا في روما.

وقد اتهمت الحكومة بازدواج المعايير، إذ أنها سبق وحظرت الرموز الدينية الواضحة في المدارس. يذكر أن فرنسا لها تقليد طويل من الإصرار على الفصل الصارم بين الدولة والكنيسة. وقد أمرت الحكومة بتنكيس العلم

(¹⁸) موقع بي بي سي — الرابط:
http://news.bbc.co.uk/go/pr/fr/-
/hi/arabic/world_news/newsid_4418000/4418339.stm

الفرنسي على الأبنية الحكومية لمدة ٢٤ ساعة بعد الإعلان عن وفاة البابا. كما ستنكس الأعلام مرة أخرى الجمعة.

"عادة متعارف عليها"

والكثيرون يشعرون بالحزن على البابا في فرنسا، حيث تشير الاستطلاعات إلى أن نحو ٦٠ % من الفرنسيين من الكاثوليك. وقد أصر دو فيلبان الثلاثاء على أن تنكيس الأعلام **"عادة متعارف عليها"** بالنسبة للجمهورية الفرنسية.

وقال: **"لقد حدث هذا بالنسبة لكل بابا في ظل الجمهورية الخامسة، والجمهوريتين الرابعة والثالثة"**. غير أن نائب عمدة باريس والعضو في **حزب الخضر** كريستوف جيرار قال إنه يشعر **"بالانزعاج"** لهذا القرار. وقال **"على واجهة مجالسنا البلدية ومدارسنا نكتب شعار: الحرية والمساواة والإخاء (شعارات الثورة الفرنسية الثلاثة)، وليس: فرنسا الكاثوليكية أو جمهورية فرنسا الكاثوليكية، على غرار جمهورية إيران الإسلامية"**.

وقال عضو **مجلس الشيوخ الاشتراكي** جون — لوك ميلانشون إن تحرك الحكومة يعد **"نوعاً من المحاباة لدين واحد بعينه"**. وأصر قائلاً: **"على سلطات الدولة أن تعكس علمانية مطلقة دون أي أشباه أو ظلال"**. يذكر أن الضغوط من أجل حماية التقاليد العلمانية الفرنسية حدت

بالدولة لحظر الرموز الدينية البارزة — بما فيها الحجاب الإسلامي — في المدارس العامة السنة الماضية.

وقد أفردت الصحف مساحات واسعة لقضية تنكيس العلم، وتلقت خطابات من القراء مؤيدة ومعارضة لقرار الحكومة.

وقد أرجأ الرئيس الفرنسي جاك شيراك — وسيكون أحد زعماء العالم الذين سيسافرون إلى روما لحضور الجنازة الأربعاء — مناظرة تلفزيونية حول الدستور الأوروبي حتى الرابع عشر من أبريل/ نيسان. وهي المناظرة التي كان من المقرر أن تجرى الخميس.

مساع لإحياء دور الكنيسة في فرنسا تصطدم بأنصار
العلمانية(^{١٩})

**اليسار ينتقد توجه ماكرون للمواءمة بين الدين والدولة،
ومحللون يرون أن النخب تتخلى عن العلمانية إذا تعلق الأمر
بالمسلمين.**

(^{١٩}) جريدة العرب اللندنية — الرابط
https://alarab.co.uk/%D9%85%D8%B3%D8%A7%D8%B
9-%D9%84%D8%A5%D8%AD%D9%8A%D8%A7%D8%A1-
%D8%AF%D9%88%D8%B1-
%D8%A7%D9%84%D9%83%D9%86%D9%8A%D8%B3%D8%
A9-%D9%81%D9%8A-
%D9%81%D8%B1%D9%86%D8%B3%D8%A7-
%D8%AA%D8%B5%D8%B7%D8%AF%D9%85-
%D8%A8%D8%A3%D9%86%D8%B5%D8%A7%D8%B1-
%D8%A7%D9%84%D8%B9%D9%84%D9%85%D8%A7%D9%
86%D9%8A%D8%A9

باريس – انتقدت الأحزاب اليسارية الفرنسية الثلاثاء، مساعي الرئيس الفرنسي إيمانويل ماكرون لإصلاح العلاقة بين الكنيسة والدولة متهمة إياه بتجاوز قانون ١٩٠٥ الذي أعلن فرنسا جمهورية علمانية، أي دولة محايدة منفصلة عن الديانات، فيما تختلف المفاهيم العلمانية لدى منتقدي ماكرون عندما يتعلق الأمر بالمسلمين الفرنسيين.

وقال رئيس **الحزب الاشتراكي** أوليفييه فور في تغريدة على تويتر إن **"العلمانية هي درة عملنا، هذا ما يجب أن يدافع عنه رئيس الجمهورية"**، فيما قال رئيس الوزراء الاشتراكي السابق مانويل فالس، الذي انضم إلى حزب ماكرون، إن **"العلمانية هي فرنسا"**.

وانتقد **حزب فرنسا المتمردة** (يسار متطرف) التصريحات "اللامسؤولة" لماكرون، حيث كتب زعيمه جان لوك ميلانشون على تويتر أن **"ماكرون في قمة هذيان ميتافيزيقي، لا يحتمل، ننتظر رئيسا فنسمع مساعد خوري"**.

وأدان المتحدث باسم الحزب أليكسي كوربيار **"التصريحات غير اللائقة لرئيس جمهورية علمانية واللامسؤولة والتي تؤجج الانقسامات الدينية"**، متسائلاً: "أين قانون الفصل بين الكنيسة والدولة؟".

ويدافع العديد من الفرنسيين عن مبدأ العلمانية، حيث كشف استطلاع للرأي نشره معهد **"وينغالوب"** في ٢٠١٧ أن خمسين بالمئة من الفرنسيين يقولون إنّهم ملحدون أو بلا ديانة، و٤٥ بالمئة يؤكدون أنّهم متدينون.

وعبّر وزير الداخلية جيرار كولومب، المكلف بالعلاقات مع الديانات، عن دعمه لماكرون، مؤكدا أن مساعي الرئيس الفرنسي لإصلاح الفجوة بين الكنيسة والدولة ليس فيها مساس بمبادئ العلمانية. وقال كولومب **"ما يقوله هو أن الإنسان لا يُختزل في الأمور المادية فحسب، بل يسعى إلى المطلق وإلى ما هو روحاني ويريد أن يُكسب حياته معنى"**، مضيفاً: **"قد تكون لهجة جديدة لكنها لا تتعارض إطلاقاً مع مبادئ العلمانية".**

وتنبع العلمانية كما جاء في الدستور الفرنسي لسنة ١٩٥٨ من فصل الدين عن الدولة، أي أن الدولة حياديّة إزاء الدين ويُحظر عليها أي تدخل في شؤون الأديان المختلفة الموجودة في فرنسا.

وعملاً بالمثل، لا يجوز للانتماء الديني الخاص بالموظفين أو المواطنين المنتفعين بالخدمات العامّة أن يؤثّر في سير الخدمات العامة. ومع ذلك، لا تعني العلمانية إنكار الديانات، فالعلمانية ليست خياراً روحانياً خاصاً بل هي الشرطُ لوجود جميع الخيارات، إذ أنّها مبدأ من مبادئ الحرية، وهي تتيح احترام الخيارات الشخصية في أعمق القضايا، في مجتمع منفتح.

ورغم أن حرية اللباس والمعتقد من أهم القيم التي ترتكز عليها العلمانية، إلا أن الأمر يختلف عندما يتعلق بالمسلمين في فرنسا والذين تحمّلهم بعض الأحزاب المتطرفة مسؤولية الهجمات الإرهابية التي شهدتها البلاد كمنطلق للانقلاب على القيم العلمانية وسن قوانين تتعارض معها.

وعندما مررت **الجمعية الوطنية** في فرنسا قانوناً يحظر على أعضاء البرلمان ارتداء أو إظهار الرموز الدينية، قال الكثيرون إن ذلك يتوافق مع تقاليد البلاد الراسخة في العلمانية الصارمة للدولة والحال أن الحظر — أو التفكير الراديكالي الذي يقف وراءه — أصبح حاجزاً رئيسياً أمام إدماج الجاليات المهاجرة.

ويرى باسكال إيمانويل غوبري، الباحث في **مركز الأخلاق والسياسة العامة** في واشنطن، أن التاريخ السياسي الفرنسي المعاصر — بما في ذلك عقب قانون ١٩٠٥ الذي أسس لفصل الكنيسة عن الدولة — يكشف أن أعضاء **الجمعية الوطنية** يُظهرون الرموز الدينية، وخلال معظم هذا التاريخ لم يخطر لأحد أبدا أن ذلك يمكن أن يتناقض مع العلمانية بأي وجه من الوجوه.

وعليه، فإن قانون ١٩٠٥ أنهى الدعم العام للمؤسسات الدينية، لكنه لم يؤسس أي حكم قانوني أو ثقافي ضد التعبير العام عن القيم الدينية.

وخلال العقود القليلة الماضية، هاجر الملايين من المسلمين إلى فرنسا. ووقتها فقط، ظهر هذا الفهم الجديد للعلمانية، وطبعاً فإن الأسطورة

القائلة بأن علمانية الدولة كانت دائماً تتبنى مثل هذه التأويلات الصارمة، ملائمةٌ وتخدم أهداف من يدفعون بها، إذا كانت ثمة مشاكل مع المسلمين الفرنسيين في فرنسا، فإن سبب ذلك يعود إلى رفضهم تبني قانون العلمانية المقدس. في ٢٠١٥، وجد الباحثون من **معهد مونتين** ــ وهو مركز أبحاث وسطي ــ طريقة ذكية لقياس التحيز ضد المسلمين وفصله عن التحيز العرقي أو عن التحيز الذي يدخل في إطار معاداة الأجانب عموماً، وذلك عبر التقدم بطلبات وظيفة باستخدام سير ذاتية مزيفة لأشخاص وهميين.

والشخصيات التي ابتكروها من أجل طلبات الوظائف كلها لبنانية، والاسم الأول لمقدم الطلب يشير إلى انتمائه الديني، وبالتالي فإن الاختلافات في معدلات الإجابة على هذه الطلبات يمكن نسبتها إلى تحيز ضد الدين، وليس إلى تحيز عرقي أو تحيز يندرج ضمن إطار معاداة الأجانب. وجاءت النتائج دالة ومعبرة؛ ذلك أن احتمال تلقي مقدمي الطلبات الكاثوليك لمكالمة رداً على طلباتهم كان يعادل ضعف احتمال تلقي مقدمي الطلبات المسلمين عندما كانت السير الذاتية متطابقة في كل الجوانب ما عدا الانتماء الديني.

والواقع أنه إذا كانت مشكلة الفرنسيين مع الإسلام تتعلق بالعلمانية، فإن الراهبات الكاثوليكيات اللاتي يرتدين الحجاب أيضاً ينبغي أن يُعتبرن غير متوافقات، والحال أن أغلبية الفرنسيين لديهم آراء إيجابية حول الكاثوليكية.

وخلص إيمانويل غوبري إلى أن الظاهرة برمتها تتم في اللاوعي إلى حد كبير، لكن **العلمانية الفرنسية** تترجم، عملياً، إلى تعصب مؤسساتي، ما ينتج دائرة مفرغة من التطرف المتبادل.

سخرية الأقدار: الإسلام يجدد لفرنسا علمانيتها[20]

الثلاثاء، ١٠ آذار /مارس ٢٠١٥

عبد الحميد اجماهيري. كاتب وإعلامي مغربي

ما بين الإسلاموفوبيا والنزوعات اليمينية المتطرفة، وبين الخوف من الطائفية والتقوقع الهوياتي، الهوية القاتلة، بمصطلح أمين معلوف، يقيم سؤال الدين الإسلامي في حقيقة الراهن الفرنسي، كما لو أن الإسلام يجدد لفرنسا لائكيتها التي أعلنتها صراحة، منذ القرن الثامن عشر وميلاد الأنوار.

ولعلها المرة الأولى التي تواجه فيها فرنسا عقيدة دينية، تطرح عليها العلاقة بينها وبين الدين، منذ ١٧٨٩، تاريخ تجسد **اللائكية الفرنسية** بعد

الثورة الشهيرة، وإلغاء النظام القديم، وإقرار المبادئ الكونية، بإعلان نهاية الامتيازات التي كانت تحظى بها الكنيسة ورجال الدين الإكليروس.

ليس مطروحاً على فرنسا درجة تحرر الدولة من علاقتها بالإسلام، لأن الإسلام، ببساطة، لا كنيسة فيه، لكن المطروح كيفية التعامل مع المسلمين الذين يشكلون، اليوم، بؤرة قلق ديموغرافية وروحية.

فرنسا التي بنت الكونية الجمهورية أمامها، اليوم، دين كوني بذاته، ويطرح عليها سؤالاً مجتمعياً كبيراً. ولهذا، تفكر في تحرير جمهورييها المسلمين من التأثير الذي تحمله الهوية في حد ذاتها، وتحرير الفضاء العمومي من الطقسنة، أو الإغراق الطقوسي لفضاء يفترض فيه أنه متحرر من العلامات الدينية.

وهي لحظة تاريخية أخرى بالنسبة لبلاد فولتير ومونتيسكيو، لأن العلمانية لديها تعتبر لحظة تاريخية، وليست دعوة أيديولوجية، بتعريف المفكر والمؤرخ المغربي عبدالله العروي. وإذا كنا، أحياناً، نسلم بأن النقاش كله قد استنفذ، وأن التاريخ ينام مطمئناً في الكتب، ولا يتجول خارج الجدلية التي حددها الهيغيليون والماركسيون الأوائل، فإنه يفاجئنا بأن يدخل ضواحي باريس لعله يجد أجوبة على أسئلةٍ، لم يطرحها الخلفاء الراشدون، رضي الله عنهم، لكنها تعود في أذهان أحفادهم من الجيلين، الثاني والثالث، من المهاجرين والأنصار.

وهذه كناية لا تقول أكثر من مفارقتها التي تحيل على تاريخ بعيد جغرافياً عن الإسلام، قضايا هي من صميم تعايشه مع الزمن والمستحدثات

التي تغذيه في عصرنا إعادة ابتكار **العلمانية الفرنسية**، على ضوء العلاقة مع **الإسلام الفرنسي**، تهمنا كثيراً، أولاً، لأنها تعني هجرة العلامات الدينية من فضائها الذي شكلت هويته الدائرة العربية السامية، إلى فضاء آخر، أغرى الفاتحين الأوائل، ويغرينا بتفكيره العلني والموضوعي وصراع التيارات فيه، فضاء تمتحن فيه الهوية العربية الإسلامية قدرتها على تحمل العصر، والتكيف مع كونية شديدة الحضور.

وثانياً، لأنها المرة الثانية التي يصادف فيه الإسلام نفسه أمام جمهورية لائكية، راديكالية، بعد مواجهة **العلمانية التركية** وعلمانية أتاتورك التي ولدت من صميم الخلافة. وكانت العلمانية، في تلك الحالة، أيضاً، تواجه حلم الخلفاء الراشدين، كإرث وتراث، وتواجهه فرنسا كتراث وإرث يغذي أحلام الأحفاد.

وفي الحالة التركية، كان هذا التقابل على قاعدة استعصاء تاريخي منتج، سبباً في تطوير الإسلام السياسي أدوات عمله، واستيعابه الآلية الديمقراطية، ونجاحه في أن يقبل كشريك تاريخي واستراتيجي من الغرب كله، مع احترامه موقع الدولة وإكراهاتها، التحالف الاستراتيجي مع إسرائيل، مثلاً، وبتلخيص فقد واجهة **علمانية أتاتورك**، ومن خلالها استطاع أن يولف بين نفسه وبين الديمقراطية. وفي حالة فرنسا، يواجه الإسلام علمانية راديكالية، يسهر عليها اليمين الليبرالي واليسار بقوة، وعليه أن يجيب من خلال مواجهتها على أسئلة يطرحها عليه العصر.

ويبدو أن الفضاء المعني بهذه التطورات غير آبه بها. وعلى كل الأصعدة، أصبح الاختيار الممكن هو بين تدين إسلامي داعشي، أو تدين إسلامي سياسي وحزبي، وبين تدين محافظ يستند إلى أخلاق البرجوازية البدوية، وتنظيمات الإصلاح البيداغوجي. ومن الغريب أن الحاكم العربي يحتاج، في مواجهة الإمكانات التي قد تتيحها لعبة الديمقراطية، بالنسبة لجيل من رواد الإسلام السياسي أو أتباعه، إلى إعادة ربط الدولة بالدين، إسلاماً أو كنيسة.

وفي حالات أخرى، يسعى اليسار في العالم العربي إلى إحياء السلطة الدينية الرسمية، والدفاع عن مشروعيتها لحماية نفسه من سلطة التدين المسيس، من دون أن تكون له القدرة على الدفاع عن تطورها وانفتاحها، والدفاع عن بقائها وديمومتها، في أفق الثقافة الكونية التي ينتمي إليها.

كتب إيتيان إنهايم، الفرنسي المتخصص في الإسلام، بلغة رائعة عن الانشغال الفرنسي، الآن، ودعا، بوضوح، إلى القطع مع نظرة كاريكاتورية لعالم سجين، بسبب دينه، في البحث عن بديل بين التيوقراطية، حكم رجال الدين والاستبداد. والسؤال هنا: أليس هذا الأمر مطروحاً، بالأساس، على المسلمين، قبل أن يكون سؤالاً فرنسياً؟ ولعله من حسنات التقابل بين لائكية فرنسا والإسلام أننا نعرف، الآن، هامش التاريخ الضيق لدينا.

إسـلام اوروبــي أم أوروبــا مسلمــة؟(٢١)

١٢ / ٥ / ٢٠١٢

بقلم: د. باري وارتون*

مركز الدراسات الأوروبية – جامعة ليميرك – أيرلندا

هناك قلق رئيسي يتعلق بحدث يكون المسلمون فيه طرفا رئيسياً أو حتي هامشياً. ولم تبد وسائل الاعلام الغربية وحدها هذا الاهتمام، بل انضم إليها المجتمع الدولي المعاصر الذي استقرت في وجدانه صورة سلبية للأقلية المسلمة لم يعد من السهل تصحيحها أو تغييرها، واستمر اهتمام المجتمع الدولي بأخبار الحركات الاسلامية مع شن حملات عسكرية لمكافحة الارهاب في كل من أفغانستان والعراق.

---

(٢١) موقع مجلة الديموقراطية المصرية – الرابط:
http://democracy.ahram.org.eg/UI/Front/InnerPrint.aspx
?NewsID=321

وهذا القلق تجاه نحو ما يعرف بـ: **الإسلام السياسي** ليس بجديد.
فخلال الأربعين عاما الماضية استطاعت الحركات الإسلامية السياسية أن
تخلق لها وجودًا في مختلف دول العالم الاسلامي، وأن تستقطب أنظار العالم
اليها إلا أن هذا الاهتمام كان يشوبه كثير من الحذر والريبة علي الأخص
من قبل الحكومات أو الأكاديميين علي مستوي القارة الأوروبية، حيث
ترسخ لديهم اعتقاد بأن الحركات الاسلامية تمتلك هوية واضحة وكياناً موحداً
تسيره آلية تمكنه من استقطاب الأخرين والقدرة علي التوسع التلقائي الذي
لا يعرف له حدوداً.

ليس هذا فحسب بل وتتبني برامج مجتمعية تنموية الي حد كبير ربما
تهدد القيم والاعراف التي تميز الحضارة الأوروبية، والغريب أن هذا الاعتقاد
يأتي مناقضاً تماماً لحال الحركة الاسلامية التي تعتبر في الواقع هيكلاً منقسماً
علي نفسه مكوناً من جماعات متباينة ومتعارضة من حيث المواقف
والاتجاهات والمناهج والأساليب والأهداف من دولة لأخري بل داخل الدولة
الواحدة.

ولكن انشغال أوروبا بالاسلام وما قد يمثله من تهديد لها، تعاظم
خلال العقدين الماضيين، وبالتحديد منذ سقوط حائط برلين عام ١٩٨٩
وانتهاء **الحرب الباردة**. وتفسير حالة القلق تلك هو أن أوروبا باتت في
حاجة الي ملء الفراغ الذي تركه انهيار الاتحاد السوفيتي السابق الذي كان
مصدر تهديد مستمر لها في فترة **الحرب الباردة**، وكان من الضروري إيجاد
بديل له، وكان الإسلام هو البديل الذي يعوض اختفاء العدو السابق.

١٥٢

فظهور الخطر الاسلامي بالنسبة لأوروبا غير من عدائها للون الأحمر لتوجهه إلى اللون الأخضر شعار الحركات الاسلامية، فإيجاد عدو مشترك بدون شك عنصر مهم في دعم التجانس الاجتماعي والسياسي لأوروبا الجديدة الموحدة.

فوجود مثل هذا العدو المشترك يخدم أهداف المعاهدات الأوروبية التي تسعي الي أحداث تغييرات (جوهرية) في التركيبة أو الخريطة المجتمعية الأوروبية مثل **معاهدات ماستريخت ونيس وأمستردام**. ففي عصر سمته الأساسية التغير السريع وغير المتوقع، وهو التغيير الذي ينبيء بانتهاء عصر وميلاد عالم جديد يتسم بالاندماج السياسي والتكتلات الاقتصادية. فأوروبا لم تكن استثناء من القاعدة، حيث إن عجلة التكامل والاندماج الأوروبي تسير علي نفس الوتيرة. ورغم تزايد عدد الدول الأعضاء في الاتحاد وسرعة التغيرات بالاضافة إلى التناغم والتشابه في الكثير من المجالات في الدول الأعضاء مثل السياسات النقدية والاتجاهات السياسية والمواصلات والاتصالات والإعلام إلا أن تباين الثقافات واختلاف القاعدة الاجتماعية في أوروبا كان ومازال العقبة الرئيسية التي تواجه مهندسي بناء **أوروبا الموحدة**، حيث إن الحل لاستكمال البناء هو خلق هوية ثقافية أوروبية مشتركة وربما كان عدم نجاحهم حتي الآن في الوصول الي هذا الهدف هو الإخفاق الأكثر وضوحاً في محاولة الاندماج الأوروبي حيث وجدت أوروبا نفسها عند مفترق طرق، لذا كان من الطبيعي أن تتصدر مسألتا الهوية الأوروبية ومستقبل أوروبا الأجندة الاجتماعية والسياسية في القارة كلها.

وبذلك يمكن ادعاء أن أحد أهم الدوافع والأسباب التي تدعم الانتهاء من بناء أوروبا الجديدة الموحدة هو وجود خطر خارجي. وكان إرث سوء التفاهم وحالة عدم الثقة بين أوروبا والعالم الاسلامي التي نمت وظلت حية علي مدي اثني عشر قرنا من الزمان، هو الذي جعل المسلمين المرشح الأساسي لملء هذا الفراغ الذي تركه انهيار الاتحاد السوفيتي السابق ، وكان تزايد أعداد المسلمين في مجتمعات أوروبية مختلفة وما لهم من نشاط ملحوظ علي المستوي الاجتماعي والسياسي، خاصة مع مطالبة الجيل الثاني من المسلمين هناك أن يكون لهم دور أكثر فاعلية في تلك المجالات مما إثار قلق أوروبا وجعل مسألة دور المسلمين في أوروبا الجديدة من أكثر القضايا إثارة للجدل، هو السبب الداعم لاختيار الاسلام كعدو بديل.

ومما دعم تلك الفكرة هو أن العلاقة بين الاسلام وأوروبا تقوم علي أساس متبادل من عدم الثقة وفكرة الصراع، فالتعاليم المسيحية والانفصال التام عن الاسلام سواء علي المستوي الثقافي أو الجغرافي للحفاظ علي الحضارة والهوية الأوروبية بعيداً عن تأثير الإسلام، بالإضافة إلى أن التزاوج بين التاريخ القديم والحديث كأساس لأورروبا الحديثة، والذي دائماً ما كان يعتبر الإسلام خطراً يهدد أوروبا، وهو الاعتقاد القائم علي عدد من الأحداث التاريخية مثل حصار الامبراطورية العثمانية لفيينا عام ١٦٨٣ وغزو الأندلس حيث كانت سبباً في العداء المستمر تجاه الاسلام، وهو في الوقت نفسه أدي الي عدم الالتفات الي تكون الهويات القومية الأوروبية المختلفة التي شكلت الخريطة المجتمعية لأوروبا. ومن الملاحظ أن السير في اتجاه الاندماج الأوروبي

لم يستطع أن يحد من تمسك الشعوب الأوروبية المختلفة بهوياتها وثقافاتها. ورغم أن محاولة الاندماج الاوروري نجحت في بعض الأحيان في القضاء علي بعض العناصر التي تدعم الهوية الثقافية والاجتماعية، إلا أنها لم تنجح في تغيير نظرة تلك الشعوب للإسلام والتي تعتبره خطراً لابد من الحيطة منه، خاصة الآن بعد زيادة النشاط السياسي والاجتماعي للأقليات المسلمة التي تعيش علي أراضيها، والتي غالباً لا تتوافق مع القيم والبرامج العلمانية لأوروبا الغربية.

وفي العصر الحديث، كانت الدراسات الأكاديمية المعنية بوضع المجتمعات المسلمة في أوروبا دائماً ما تتجاهل معلومات هامة كان يمكن أن تستغلها بشكل صحيح. فبجانب اعتبار الإسلام خطراً يهدد الهوية والحضارة الأوروبية، كان هناك عدد من العوامل التي جعلت دور الأقليات المسلمة في أوروبا مسألة تستحق البحث والاهتمام، أولها كما سبق أن ذكرنا زيادة الهجرة إلى أوروبا، وبالتالي زيادة نشاطهم الاجتماعي والسياسي وتوافق الجيل الثاني للمسلمين مع الآليات القانونية الأوروبية وتمتعه بامتيازات أفضل وأكبر، دعمت من موقفه علي المستوي الاقتصادي والاجتماعي للحد الذي جعله يحاول إيجاد دور له علي الساحة السياسية.

العنصر الثاني أن تفكك يوغوسلافيا السابقة ساهم في زيادة الاهتمام بدور الإسلام والأقليات المسلمة في أوروبا الجديدة، فالطابع العنصري للصراع في البلقان كشف عن أهمية المسلمين الذين كانوا منسيين في أوروبا. وربما كانت تلك الاسباب وراء الاهتمام المتزايد من قبل

الأكاديميين بإجراء دراسات تهتم بوضع المسلمين في أوروبا، وكان أهمها دراسة أجراها "بنسلين": بعنوان: **"المسلمون في أوروبا الغربية"**، وكذلك الدراسة التي قام بها "أنور" و"نييلوك". ولكن ما يزيد من صعوبة إجراء مثل تلك الدراسات الطبيعة المتغيرة لأوروبا الجديدة بالإضافة إلى التطور السريع للأقلية المسلمة في أوروبا الغربية. وبدون شك فإن المسألة تتطلب تحليلاً على مستويات ومراحل متعددة للبحث في العناصر الاجتماعية والسياسية والثقافية وتحديد قدرة المجتمع الأوروبي على استيعاب الأقلية المسلمة بين جنباته، بالتالي يسهل وضع تصور واضح لمستقبلهم في أوروبا الجديدة وبالتحديد في الخريطة المجتمعية الأوروبية.

ولكن من الواضح أنه من الصعب تحديد قدرة استيعاب المجتمع الأوروبي للمسلمين بسبب عدد من العناصر الهامة، منها ارتفاع نسبة البطالة في أوروبا وهو ما تزامن مع زيادة نسبة المهاجرين إليها من المسلمين، وكذلك رفض الأقليات المسلمة للذوبان الثقافي والاجتماعي في الخريطة الأوروبية الثقافية الاجتماعية.

والمرء لا يملك هنا سوي الاعتراف بأن هناك قصوراً واضحاً في دقة كثير من الدراسات الحديثة الخاصة بدور الأقليات المسلمة في أوروبا الجديدة، فكثير منها يشوبها التعميم واستخدام مناهج بحثية بسيطة، فعلي سبيل المثال نجد أن استخدام مصطلح الأقلية المسلمة ربما يوحي بتجانس وتناغم المجتمع الأوروبي المسلم، في حين أنه متباين الشخصية والهوية، فكل مجموعة منه مختلفة التكوين.

وبالمثل فإن معاملة المجتمع الأوروبي علي أن له هوية موحدة يعتبر نوعاً آخر من القصور، فهو مصطلح آخر يعكس قصوراً آخر في تلك الدراسات. فلابد من الاعتراف بالطبيعة غير الواضحة لهوية أوروبا الموحدة والتي يجب إدراكها والاعتراف بها بجانب الشخصية الفردية المميزة للغاية لكل مجتمع علي حدة داخل القارة الأوروبية ، وإلى أي مدي هذه الشخصية تؤثر علي المسلمين داخل تلك المجتمعات الأوروبية منفردة ، وهنا لا يجب أن نتجاهل في هذا النقاش الاختلاف الاساسي والكبير والواضح بين دور الأقليات المسلمة في شرق أوروبا ودورها في دول غرب أوروبا ووضعها وظروفها في كلتا المنطقتين. وهذا الاختلاف يعود الي خلفيات تاريخية وسياسية وثقافية واجتماعية متباينة، وهي عناصر لابد من أخذها في الاعتبار من أجل قراءة صحيحة لمستقبل المسلمين في اطار التوسع في البنية الاجتماعية والسياسية لأوروبا الموحدة.

ففي أعقاب فترة ما بعد الحرب العالمية الثانية كان وضع المسلمين في أوروبا لا يحظي باهتمام حقيقي بالنسبة للمهتمين بالعمل علي توحيد أوروبا، خاصة وأن محاولة تنفيذ تلك الفكرة علي أرض الواقع كانت تواجه تحديات كثيرة، كما أن وضع المسلمين في غرب أوروبا كان ضعيفاً جداً، إن لم يكن هامشياً، خاصة علي المستوي الاجتماعي والسياسي.

فحتي السبعينيات من القرن الماضي كانت العلاقة بين أوروبا والعالم الاسلامي تركز علي وضع المجتمعات الاسلامية في المستعمرات الأوروبية القديمة وعلي الانقلابات السياسية في الشرق الأوسط ومشاكل الاندماج

والتكامل الثقافي والتفاهم بين كلا الجانبين، وهي المسألة التي تعد من أكثر الأمور أهمية بالنسبة لكليهما.

وخلال الخمسينيات والستينيات وفد عدد كبير من المهاجرين المسلمين إلى أوروبا مع بداية الانتعاش الاقتصادي لها وزيادة الطلب علي العمالة المهاجرة، وكانت تلك الأقليات الوافدة وقتها عرف عنها الخمول النسبي فيما يتعلق بممارسة الأنشطة الاجتماعية والسياسية والثقافية فدورهم كان اقتصادياً بحتاً.

أما في منتصف السبعينيات، فقد شهدت العلاقة بين مجتمع أوروبا الغربية والأقليات المسلمة تطورا هاما نتيجة للكساد الاقتصادي الذي بدأ عام ١٩٧٢ حيث قامت حكومات أوروبا الغربية بإحداث تغييرات في قوانين الهجرة بهدف تخفيف وطأة تلك الأزمة عليهم، وهذه التغييرات طورت من وضع الأقليات المسلمة في أوروبا الغربية، كما أنها حدت من حجم هجرة العمالة اليها وغيرت من الطابع الاقتصادي البحت لأنشطة تلك المجتمعات.

وبذلك سمحت تلك القوانين الجديدة بتوحيد الأسرة المهاجرة كما استطاعت أن تنهي هامشية تلك الأقليات الاسلامية وتجعلها تتفاعل مع الآليات الثقافية والاجتماعية في مجتمعاتها كل علي حدة.

ولم تعد الأقليات الاسلامية في أوروبا مكونة من العمالة المهاجرة التي يأتي تواجدها لأسباب اقتصادية بحتة وبشكل مؤقت بل علي العكس أصبحت الأقليات المسلمة مكونة من أسر مكتملة، فمع وصول الأبناء والزوجات في السبعينيات بدأت تلك المجتمعات الجديدة تتخذ سمة

الاستقرار، مما توج بزيادة الاندماج في العملية التعليمية. والاهتمام المتزايد على المستوى الاجتماعي والثقافي الذي انعكس في المطالبة بالتمثيل السياسي خاصة مع بزوغ الجيل الثاني الذي ولد وتعلم في أوروبا الغربية، بعد أن أصبح جزءًا مكوناً للمجتمع الأوروبي الغربي.

وشهدت الثمانينيات زيادة النشاط السياسي من جانب أقليات المسلمين في أوروبا وكانت أكثرها وضوحاً في فرنسا وبريطانيا، حيث كانت الأقليات المسلمة بالفعل قد ترسخت أقدامها في تلك الدول، وأصبح من السهل الحصول على حق المواطنة. كذلك كانت العوامل الخارجية بمثابة عناصر مساعدة لتسييس الأقليات المسلمة في أوروبا. مثلما حدث خلال أزمة النفط في السبعينات التي اعتبرها الغرب مؤشرا على رؤية المسلمين للغرب وموقفهم منه، فارتفاع سعر النفط كان بمثابة تأثير جلسات الكهرباء التي أحدث صدمات متتالية أثرت سلباً على الاقتصادات الأوروبية، إلا أن **الثورة الاسلامية** في إيران عام ١٩٧٩ هي التي أكثر لفتاً لأنظار الرأي العام الأوروبي، بل وساهمت إلى حد كبير في تشكيل رؤيته للإسلام، وكانت التغطية الاعلامية وردود الافعال الحكومية تجاه الثورة الاسلامية في إيران هي التي روجت لفكرة أن المسلمين قوة رجعية وعسكرية لا تتماشى مع أهداف وطموحات أوروبا الغربية، وأن وجودهم في المجتمع الأوروبي الغربي يمثل خطراً عليه، وعقبة خطيرة في طريق مزيد من الاندماج الأوروبي.

وكان رد فعل المجتمعات المسلمة تجاه تلك الصور الذهنية المجحفة للاسلام والمسيئة إليه سلبية للغاية حيث زادت عزلتهم الاجتماعية ورفضوا

التمثيل السياسي لأنفسهم كما أنه مع تبني كلا الطرفين مواقف مناهضة تنتج عنها مواقف راديكالية من كلا الطرفين راديكالية دعمه أحزاب تمثلت في زيادة الجناح اليميني وزيادة التعبيرات العنصرية وظهور هستيريا مناهضة لكل ما هو إسلامي، بينما تمثل رد فعل الأقليات الاسلامية في تحدي كل القيم العلمانية في المجتمع الأوروبي الغربي التي اعتبروها مصدر تهديد لهويتهم ووجودهم.

هذا المحور الخاص بالتباين الثقافي والاجتماعي يعتبر عنصراً أساسياً في توتر العلاقة بين الأقليات المسلمة والمجتمع الأوروبي الغربي خلال العقدين الماضيين. ففي ظل حالة التحول الثقافي الذي كانت أوروبا تسعي اليه كان المسلمين المهاجرين ينظر إليهم علي اعتبار أنهم عنصر مؤقت التواجد في البلاد ينظر إليهم كما لو كانوا مخلوقات (غريبة) جعلت من أوروبا ملاذاً لها، وكان من الطبيعي أن يزدادو تمسكاً باسلامهم علي اعتبار أنه مصدر أصيل لهويتهم ومعتقداتهم وانتماءاتهم، وأكثر الأمثلة التي تبرهن علي زيادة تمسكهم بهويتهم الثقافية الأزمة التي حدثت في فرنسا بسبب كتاب: **"آيات شيطانية"** لسلمان رشدي الكاتب الهندي الأصل في نهاية الثمانينيات وفتوي اهدار دمه.

ويعتبر استثناء واستبعاد الجاليات المسلمة من التجربة الأوروبية المشتركة بالفعل مسألة مهمة، لابد وأن يتم التعامل معها وإيجاد حل لها قبل البدء في أي مشروع للتكامل والاندماج الثقافي والديني، خاصة وأن فكرة الاندماج قابلة للتنفيذ. فرغم الاختلافات التاريخية الكثيرة إلا أنه يمكن

الحديث عن عناصر أساسية تدعم فكرة خلق هوية لأوروبا الغربية وهو أمر يميزها عن غيرها.

أهمها هو أن مباديء العلمانية في مجتمع أوروبا الغربية يمكن التعرف عليها بمنتهي السهولة، كما أن لها جذورها التاريخية تعود إلى **عصر التنوير والثورة الفرنسية** عام ١٧٨٩. فالروابط الاجتماعية والسياسية اللغوية العرقية المشتركة جميعها عناصر تصب في دعم حلم **أوروبا الجديدة الموحدة.**

ومسألة عدم توافق المعتقدات الثقافية والدينية والتنظيم السياسي والاجتماعي للأقليات الاسلامية مع **القيم العلمانية** وإرث المسيحية للمجتمع الأوروبي الغربي يعد أمراً في غاية الأهمية خاصة بالنسبة للمسلمين الذين يرون أن السياسة والدين لاينفصلان. فبقراءة تاريخ الدين الإسلامي يمكن أن نصف الإسلام بأنه دين برجماتي ونظام اجتماعي ثقافي يتمتع بنجاح أصيل في التغلغل في ثقافات كثيرة ومتنوعة، كما أنه يملك القدرة علي التناغم والتوافق مع معتقدات سياسية واجتماعية متباينة، كما أنه نظام اجتماعي ثقافي ناجح ويتمتع بقدرته علي استيعاب الموروثات الثقافية والتعايش مع الأعراف والمعتقدات والممارسات المختلفة. هذه الرؤية للإسلام تختلف إلى حد كبير عن التصور المنتشر عنه في المجتمع الأوروبي الغربي.

وفضلا عن هذا لا يوجد إثبات تاريخي يؤكد صحة تلك النظرية التي تري ان الأسلام، وبالتالي الأقليات الاسلامية لا تستطيع التوافق أو الاندماج والذوبان داخل الخريطة الاجتماعية الأوروبية الغربية، بل علي العكس فهناك

أوجه شبه كثيرة بين أفكار ومباديء المواطنة والتنظيم الاجتماعي السياسي لدي كلا الجانبين.

ويعد هذا التباين والاختلاف الثقافي لأوروبا الغربية والأقليات المسلمة ظاهرة مثيرة للغاية. فتلك المجتمعات تعتبر نفسها تعيش تحت الحصار، ورد فعلها يأتي علي اعتبار أنها أقلية ثقافية تتعرض للهجوم المستمر وتبحث عن مظلة تحميها أكثر من كونها هيئة تدافع عن مباديء وممارسات اسلامية أصيلة. وبالمثل نجد أن المجتمع الأوروبي الغربي مع اهتمام قادته بزيادة عدد الدول الأعضاء يعيش أزمة هوية في مواجهة العولمة والاسراع في اتجاه الاندماج والتكامل في عدد كبير من مجتمعات غرب أوروبا.

والأزمة الحالية في الهوية الثقافية التي يعاني منها المعسكران تؤدي إلى مزيد من سوء التفاهم وتوسيع الفجوة بين الطرفين وهو ما أتاح الفرصة لمزيد من التجاهل والخوف بين الأقليات المسلمة فيما يتعلق بقيم وآليات المجتمع الأوروبي الغربي.

وكان المثال الواضح علي مثل هذا المناخ الذي تعيشه الأقليات المسلمة هو حرق الكتب في بريطانيا، التي صاحبت قضية سلمان رشدي والتي أوضحت عدم فهم الأقليات المسلمة لمغزي حرق الكتب في التاريخ الأوروبي والذي يرتبط بفترة مظلمة من تاريخ القارة متعلقة بـ **محاكم التفتيش** الاسبانية والنازية في ألمانيا. وحالياً فإن جهل الأوروبيين الغربيين بالاسلام والخوف منه واضح ومسجل في الإعلام الأوروبي وفي أنشطة كثير من ساستها.

فالاتحاد الأوروبي دعم الانقلاب غير الديمقراطي في الجزائر وما زال يدعم ويؤيد النظام ذا الممارسات الشرعية يعد برهاناً واضحاً علي خوفه وعدم ثقته في الاسلام ورسالته هذه دائما ما تترجمها الأقليات المسلمة الي سلوك سلبي يزيد من حالة التباين والاختلاف.

مثل هذا الجدل يثير شكوكاً كثيرة حول قدرة أوروبا علي التحول إلى مجتمع متعدد الثقافات، ويثير تساؤلات هامة بشأن مستقبل الاندماج الأوروبي. ووضع الأقليات المسلمة يفترض أن وجودها علي اعتبار أنها كائن غريب إن لم يكن أبداً جوهرياً أو حيوياً لتوحيد الهويات القومية في أوروبا في مواجهة عدو مشترك.

ويمكن القول بأن محاولات أوروبا للتوسع يجعلها تحتاج إلى مخاطر خارجية للتماسك والتوحد، كما أنها أيضا تحتاج إلى مخاطر وتهديدات داخلية، وهذا يفترض سيناريو مرعباً، مؤداه أن أوروبا الجديدة تحتاج الي خلق حالة من عدم الثقة والتشكيك حتي تحقق مستوي من التماسك والاندماج والتوحد الثقافي والاجتماعي.

وتزايد حالة المقاومة الثقافية بين شعوب وقوميات أوروبا الغربية للاندماج في مجتمع يضم المسلمين يعد دليلاً قوياً وداعماً للسيناريو الأخير. وعلي الرغم من أن فكرة شمول الأقليات المسلمة واندماجها وتناغمها مع الثقافات والمجتمعات الأوروبية فكرة نبيلة، وأنه الطريق المنطقي الواجب اتباعه، ولكن الواقع يقول أن المجتمع الأوروبي المعاصر يتخذ مساراً مناهضاً لفكرة الاندماج الثقافي.

ولكن هذا يجعلنا ننكر أن هناك نماذج تشهد تطوراً إيجابياً بالنسبة لوضع المجتمعات المسلمة فيها، فمن أفضل نماذج تفاعل الأقليات المسلمة مع مجتمعات الغرب حالة فرنسا، وذلك لعدد من الأسباب منها أن الأقليات المسلمة في فرنسا تعتبر هي الأقدم والأكثر استقرارا في أوروبا الغربية.

فرغم أن الجزء الأكبر من الأيديولوجية العلمانية التي تهيمن على دول أوروبا الغربية تتناقض مع الإسلام، مصدرها الرئيسي الثقافة الفرنسية. الا أن ارتباط فرنسا بالاسلام يعود إلى زمن بعيد، ربما منذ قدوم فرنسا إلى مصر في أواخر القرن الثامن عشر، وعلاقتها القوية مع مستعمراتها السابقة.

وحتي في العصر الحديث، كانت فرنسا لها مواقف مختلفة عن غيرها من دول أوروبا ففي عام ١٩٧٩ اقلت إحدي طائرات الخطوط الفرنسية آية الله خوميني قادماً من فرنسا متوجهاً الي إيران، كما أن المعارضة الفرنسية للحرب ضد العراق رغم الضغوط الأمريكية تم تفسيرها علي أنها موقف مساند للإسلام، وهو الموقف الذي أعقبه الضجة التي أثيرت حول منع ارتداء الحجاب من قبل المسلمات في المدارس الفرنسية، وهو الحظر الذي طبق أيضاً علي الرموز الدينية اليهودية والمسيحية، ولكن هذا لا ينفي أن الأقلية المسلمة في فرنسا غالباً ما يتم تجاهلها.

كما أن تباين وتفكك الأقلية المسلمة نفسها كان سبباً في إضعاف صوتها السياسي أو مشاركتها في الحياة العامة في فرنسا، وفي الوقت نفسه نجد أن المجتمع الفرنسي مصر علي إذعان المسلمين للأعراف والتقاليد والمباديء العلمانية الخاصة به. كما أن هناك مقاومة قوية من جانبه للاعتراف بالأقلية

المسلمة كوحدة منفصلة لها هوية خاصة من منطلق أن هذا سيؤدي الي تفكك المجتمع الفرنسي وقد يضر بالموروث العلماني. والحقيقة أن حالة الضعف الاجتماعي والسياسي والاقتصادي للمسلمين في فرنسا أثرت علي موازين القوي في العلاقة بين فرنسا والمسلمين لذا لم يكن المسلمون مؤثرين في صنع السياسة في فرنسا. هذا الوضع أدي إلى التمسك الشديد للمسلمين بهويتهم التي يمكن وصفها بأنها هوية اجتماعية وسياسية في الأساس أكثر من كونها هوية دينية. فالأقلية المسلمة في فرنسا يمكن أن نصفها بالإزدواجية، فهي غير متمسك بأداء العبادات المختلفة قدر تمسكها بتقاليدها الاجتماعية وموروثها الثقافي كل هذا أدي إلي إيجاد حالة من العزلة عن باقي المجتمع الفرنسي بكل مفرداته السياسية والاجتماعية والثقافية.

وهنا يجب أن نؤكد أنه ليس من الإنصاف أن نفترض أن القوميين الفرنسيين كانوا هم قوة الدفع الرئيسية وراء إعادة أسلمة الأقليات المسلمة في فرنسا، وإن كانوا أحد الأسباب وهو موضوع أثار جدلاً كبيرًا في فرنسا خاصة مع زيادة نشاط اليمين المتطرف ليس فقط في فرنسا بل في أوروبا الغربية كلها.

وتتطابق حالة فرنسا مع غيرها من دول غرب أوروبا من حيث أسباب هجرة، فحتي عام ١٩٧٤ كانت الهجرة الي فرنسا أسبابها اقتصادية بحته وجاء قرار ١٩٧٤ بوقف كل الهجرات الجديدة واستضافة أسر المهاجرين الحاليين في فرنسا وهو القرار الذي جعل إقامة هؤلاء المهاجرين اقامة دائمة لهم كافة الحقوق والواجبات السياسية والاجتماعية.

وكانت المحاولات الأولى لتسييس المسلمين بها قد بدأت مع نهاية السبعينيات، مع المطالبة بتخصيص أماكن لأداء الصلاة والاعتراف بالتزامات شهر رمضان في المصانع علي وجه الخصوص. هذه المطالب لاقت استجابة من الحكومة الفرنسية من قبيل القبول بالتعددية الثقافية والعمل علي إحلال السلام الاجتماعي. ولكن في أعقاب ثورة ١٩٧٩ في ايران ظهر ما يسمي بـ **"هستريا مناهضة الاسلام"**، والتي نجم عنها مناهضة الأقلية المسلمة في فرنسا وانعكس سياسياً في زيادة دعم أحزاب اليمين المتطرف. وكان رد فعل الأقليات المسلمة هو تبنيها مواقف متشددة تمثل في إضراب العمال المسلمين في مصانع السيارات والذي شمل كل فرنسا في الفترة من ١٩٨٠ إلى ١٩٨٣، حيث تشبه العمال المضربون بالمليشيات الإسلامية.

وفي هذا الاطار من عدم الثقة علي المستويين السياسي والاجتماعي تبني كلا الطرفين مواقف شديدة الانعزالية، ومع اختفاء الحوار خلال الثمانينات أصبح المجال مفتوحاً لظهور العناصر الراديكالية من كلا الجانبين، ومع نهاية الثمانينيات أصبح هناك انفصال واضح للمسلمين عن المجتمع الفرنسي فيما يتعلق بالهوية الأجتماعية والسياسية والثقافية. وعكست قضية الحجاب عام ١٩٨٩ هذا الانفصام.

وبدأت هذه القضية مع فصل ثلاث فتيات مسلمات من إحدي المدارس الحكومية الفرنسية بسبب ارتدائهن الحجاب إلا أن هذه القضية سرعان ما كانت سبباً للاهتمام بدراسة وضع الأقليات المسلمة في أوروبا الغربية. فقد كشفت عن الوجه الحقيقي لقدرة المجتمعات في أوروبا الغربية

علي قبول فكرة التعددية الثقافية، كما كشفت أن **العلمانية الفرنسية** كانت تقوم في الواقع علي مباديء وممارسات الكنيسة الرومانية الكاثوليكية، وأن المجتمع الفرنسي الذي يبدو وكأنه قائم علي مباديء التسامح والمساواة لديه استعداد لتجاهل تلك المباديء اذا ما كان الأمر متعلقاً بالمسلمين.

ومؤخراً، عادت تلك القضية لتطفو مرة أخري علي السطح لتؤكد حقيقة تصدع العلاقة بين فرنسا والأقليات المسلمة بها، وأنه لم يتم حتي الآن إحراز تقدم ملحوظ لرأب الصدع.

وجاء انفجار الوضع في الجزائر عام ١٩٩٩ ليضيف مزيداً من الانقسام والاختلاف، حيث دعمت الحكومة الفرنسية النظام العلماني في الجزائر علي حساب "**جبهة الاصلاح الاسلامية**".

وقام الإعلام الفرنسي بدوره في دعم هذا الاتجاه بربطه بين الإسلام والإرهاب وهو ما أدي بدوره إلي وجود صور ذهنية سلبية عن الأقليات المسلمة، مما أدي إلى استبعادهم وعزلهم عن المجتمع الفرنسي. وكانت قضية المفكر الفرنسي روجيه جارودي الذي تعرض للمحاكمة بسبب أفكاره الداعمة للإسلام عام ١٩٨٤ هو نقطة البداية التي أوضحت موقف فرنسا تجاه المسلمين بها.

وعلي النقيض نجد أن الأقليات المسلمة في بريطانيا والذي ينتمي أغلبها إلى أصول آسيوية كانوا أكثر نجاحاً في إجبار المجتمع علي الاعتراف بمطالبهم وتلبيتها. ومن أهم تلك المطالب الحصول علي الإقامة الدائمة،

واستطاع المسلمون في بريطانيا أن يحققوا وضعاً اقتصادياً واجتماعياً أفضل من نظرائهم في فرنسا، مما مكنهم من الانخراط في العمل العام والدفاع عن مصالحهم.

وكانت الحملة التي قام بها المسلمون في بريطانيا لإقرار توفير الطعام الحلال طبقا للشريعة الاسلامية في بداية عام ١٩٨٠، مثالاً علي نجاحهم في إلزام الحكومة والمجتمع البريطاني بالاستجابة لمطالبهم المشروعة، وتم بالفعل توفير **الطعام الحلال** في كل الأماكن العامة، مما شجعهم علي تبني حملة أخري في مجال التعليم ١٩٨٤.

وقضية سلمان رشدي أكدت أهمية وفاعلية صوت المسلمين في بريطانيا وعلي عكس فكرة إعادة الأسلمة للمجتمعات المهاجرة في فرنسا. فالجناح اليميني بدأ في المطالبة بالتخفيف من الالتزام بالمباديء الاسلامية في المجتمع البريطاني في بداية التسعينيات.

إن نجاح الأقلية المسلمة في بريطانيا يعود الي أسباب عديدة هامة ومؤثرة وهي تميز توجهات المسلمين البريطانيين عن أمثالهم في فرنسا. أولاً أن المسلمين البريطانيين يميلون إلى اعتبار أنفسهم بمجموعة متميزة لم تسع بجدية إلى الاندماج في المجتمع البريطاني، كما أن المسلمين البريطانيين من أشد المعارضين لفكرة التعددية الثقافية.

ثانياً ــ أن المسلمين البريطانيين كانوا قادرين من خلال قوتهم الاقتصادية والاجتماعية علي فرض مطالبهم والفوز بها.

ثالثاً — استطاع المسلمون البريطانيون اختراق التكوين المتباين بشدة للمجتمع البريطاني الحديث، وباعتبارهم أقلية لها ثقلها ونفوذها الاجتماعي والاقتصادي استطاعوا الاستفادة بشكل كبير من بريطانيا المتعددة التركيبة العرقية.

لم تكن الأقلية المسلمة ذات شعبية كبيرة في المجتمع البريطاني خاصة بعد نشوب جدل كبير حول قضية الكاتب الهندي الأصل سلمان رشدي في نهاية عام ١٩٨٨ حيث كان ينظر إليهم بنظر سلبية.

ووضع المسلمين في بريطانيا مفهوم على أنه آلية دفاعية داخل المجتمع والتي تعتبر محصنة ضد التعددية الثقافية. أما الأحداث الخارجية مثل حرب الخليج وتورط القوات البريطانية فيها لعبت على أوتار الصورة السلبية للاسلام في بريطانيا، وخلال العقد الماضي كان هناك تراجع ملحوظ من جانب المسلمين بشأن الموقف الانعزالي مقارنة بمسلمي فرنسا.

أما دور المسلمين في ألمانيا الذين تعود أصولهم إلي تركيا فقد تطور بنفس الطريقة التي حدثت في بريطانيا، فهجرة المسلمين إلى ألمانيا كانت أسبابها اقتصادية بحتة وأصبح لهم أهمية في الاقتصاد الألماني وكثرت أعدادهم مع تطبيق ألمانيا لقرارات توحيد الأسر المهاجرة في السبعينيات، واستمرت هجرة العمالة إلى ألمانيا خلال العقدين الماضيين لخدمة حاجات ومتطلبات التوسع الصناعي.

وبينما لم يحقق مسلمو ألمانيا النجاح الاقتصادي الذي حققه مسلمو بريطانيا إلا أنهم كانوا نشطين للغاية في المجال الاجتماعي والسياسي

ولعب الاسلام دورا رئيسياً في تحديد الهوية والمفهوم الثقافي الذاتي للمهاجرين في المجتمع الألماني الذي يعتبر مجتمعاً متناغماً ومتماسكاً بشكل كبير.

والأعباء الاقتصادية المتزايدة مع توحد الألمانيتين كان له تأثيره الخطير والهام علي حياة المسلمين في ألمانيا ونظرة المجتمع المستضيف لهم فقد ارتفعت نسبة البطالة مع محاولة استيعاب عمالة ألمانيا الشرقية سابقاً.

كما أن حالة عدم الاستقرار قد تزايدت مع تعاظم الهجوم علي المسلمين، ومع ذلك أدركت الأقلية المسلمة في ألمانيا أنهم لم يعودوا ضيوفاً علي المجتمع الألماني، بل علي العكس أصبحوا جزءًا لا يتجزأ من الخريطة الاجتماعية لألمانيا وأن أقدارهم أصبحت مرتبطة بأقدار المجتمع الألماني الجديد.

هذا الادراك حد من النزوع إلى الانعزالية لدي كلا الطرفين خاصة مع تحول المسلمين بشدة الي التمسك الشديد بالاسلام كرد فعل سيكولوجي طبيعي لتواجدهم في مجتمع غير مرحب، كما سعي الجيل الثاني من المسلمين لاستخدام الإسلام كمصدر طبيعي للتعبير الاجتماعي والسياسي.

وعلي الجانب الألماني كان هناك نمو ملحوظ لدعم الجناح اليميني المتطرف وأنشطته، إلا أن الإطار الدستوري حال دون تنامي هذا الاتجاه بشكل مخيف، علي عكس ما حدث في فرنسا ليبقي هذا الجناح بعيداً عن البرلمان الألماني.

١٧٠

أما في دول غرب أوروبا الأخرى تنامت الأقليات المسلمة بهدوء، وربما هذا يعود إلى كثافتها المحدودة وأعدادها الصغيرة نسبياً، وظل والنقاش الدائر حول دور تلك الأقليات في المستقبل حتي الآن نقاشاً هادئاً. إلا أن المسلمين في هولندا وبلجيكا أصبح لهم دور اجتماعي وسياسي بارز وهام، بينما نجد أن هجرة المسلمين إلى الدنمارك والسويد والتي بدأت في نهاية الثمانينات أدت الي زيادة حالة التوتر والقلق الاجتماعي بشأن دورهم في تلك المجتمعات، وكذلك أدت إلى القيام بمحاولات التقييم الذاتي من قبل تلك المجتمعات لمدي قدرتها علي التسامح والقبول بحق الحرية الدينية.

أما في جنوب أوروبا فان تزايد هجرة المسلمين كان بمثابة سبب لاستدعاء تاريخ طويل من الصراع مع المسلمين سواء مثلما هو الحال في كل من أسبانيا واليونان، كما أن الزيادة المطردة للمسلمين في بلد مثل ايطاليا جعلت من الإسلام الدين الثاني بها، كما أن النفوذ المتزايد للمسلمين في معقل الرومان الكاثوليك أمر يثير الدهشة خاصة في ظل رد فعل المجتمع الإيطالي الذي ما زال يبدو متشككاً وتملؤه الريبة من وجود المسلمين بينهم.

وعلي ذلك ستكون من أكثر المجالات التي يمكن إجراء دراسات بحثية عليها هي المناطق الخصبة مثل أيرلندا والبرتغال والتي لم يتم حتي الآن التعرف علي درود أفعال مجتمعاتها تجاه المهاجرين المسلمين لديها والمطالب المرادة من مجتمعاتهما سوف تكشف الكثير عن مدي صحة رؤية أوروبا الجديدة.

وحالياً، نجد الأقليات المسلمة في شرق أوروبا أصبحت بمثابة لاعبين أساسيين في تطور أوروبا الغربية حيث بدأوا الهجرة إلى غرب أوروبا علي اعتبار أنهم لاجئون سياسيون واقتصاديون، فكما سبق وتم التأكيد علي أن الخلفيات التاريخية والسياسية لمسلمي البلقان ووسط آسيا مغايرة تماماً لتلك التي ينتمي اليها مسلمو أوروبا الغربية. والبحث في احتمالات أدوارهم في مستقبل أوروبا الموحدة الجديدة يستحق بالفعل دراسة كاملة ومنفصلة تعتمد علي أساليب أو علي منهجيات مختلفة تماماً.

إلا أن أهمية تواجد تلك الأقليات المسلمة علي حدود أوروبا الغربية ونفوذهم وتأثيرهم علي سياساتها واتجاهاتها نحو الاسلام لا يمكن تجاهله أو التقليل من قيمته، وهذا التأثير يمكن أن ينمو ويتضاعف في المستقبل إذا ما بقي المهاجرون المسلمون من تلك الدول يمثلون ظاهرة معاصرة.

وبينما يستمر التركيز علي الطبيعة المغايرة للأقليات المسلمة في أوروبا والخواص القومية لكل مجتمع أوروبي علي حدة فإنه من الممكن التوصل الي عدد من النتائج المتعلقة بدور المسلمين في المجتمع الأوروبي الغربي المعاصر وتفترض عدداً من الأقتراحات الخاصة بكيفية تطور هذا الدور في المستقبل.

أولاً، يمكن الاقرار بأن هناك وعياً متزايداً في مختلف أنحاء أوروبا الغربية عن أهمية دور المجتمعات المسلمة والتحديات التي أوجدتها إشكالية الاندماج الثقافي، أو بمعني أصح قدرتهم علي الاندماج في ظل بقاء البناء أو التركيبة السياسية والاجتماعية والثقافية لأوروبا الجديدة غير واضح المعالم.

هذا الوعي والقلق المتعاظم أصبح مثار بحث ونقاش بين المسلمين والمجتمعات المستضيفة لهم وهناك أسباب كثيرة وراء ذلك.

أولها أن الجيل الثاني من المسلمين أصبح له دور محوري في تلك المجتمعات كما أنهم استخدموا الإسلام كوسيلة للتعبير السياسي والاجتماعي وكوسيلة لتأكيد هويتهم المنفصلة بفاعلية أكبر. كل هذا أدي إلى زيادة تميزهم واختلافهم علي المستوي الاجتماعي، وهو ما انعكس في تغطية وسائل الاعلام لقضية سلمان رشدي وغيرها من القضايا الخاصة بالحجاب أو الطعام الحلال، وبالتالي أدي إلى تركيز المجتمع الأوروبي الغربي علي المسلمين ومطالبهم وديناميكياتهم علي اعتبار أنهم أوروبيون داخلياً وليس ظاهرة خارجية.

كذلك تعد الظروف الاقتصادية السائدة أحد أهم الأسباب التي أثرت علي مصائر الأقليات المسلمة في دول غرب أوروبا، وهو بالتالي ما يؤثر علي رد فعل الدولة المضيفة تجاه المسلمين بها واستجابة تلك الأقليات المسلمة لردود الأفعال تلك. وتأثير هذا العنصر كان واضحاً جداً خلال فترة الكساد الاقتصادي وحالة البطالة المرتفعة في أوروبا الغربية عندما أصبحت الأصول المختلفة للمسلمين ينظر إليهم علي أنهم متطفلون بشكل مبالغ فيه.

ويعد الوضع الاجتماعي والاقتصادي عنصراً أساسياً آخر في علاقة الأقليات المسلمة بمجتمعات الدول الغربية التي تستضيفهم. ففي دولة مثل بريطانيا وجد المسلمون أنفسهم يتبوؤن مستويات اجتماعية واقتصادية أرقي من تلك التي يتبوؤها المسلمون في دول أوروبية أخري، وأصبحوا أكثر قوة

وفاعلية في المجال الاجتماعي والسياسي. ويلعب الوضع الاجتماعي الاقتصادي دوراً أساسياً وجوهرياً في تحديد موقف قطاعات من المجتمع الغربي الأوروبي تجاه المسلمين.

ففي الطبقات الاجتماعية الاقتصادية الدنيا نجد درجات عدم التسامح أكبر بكثير تجاه المسلمين ودائماً ما نجد حالة الخوف من الأجانب ومعاداة الإسلام أكثر وضوحاً في الطبقات الدنيا من المجتمع الأوروربي الغربي، وهي غالباً ما تمثل مصدر الثقافات القومية وأساس الهوية علي اختلاف أنواعها، خاصة تلك التي تمثل السبب الرئيسي للصدام مع نمط العدو المسلم.

وواحد من أكثر النتائج إثارة هو أن هناك اختلافات قليلة جداً في منطقة غرب أوروبا فيما يتعلق بمواقف الكنائس البروتستانتية والكنيسة الكاثوليكية تجاه دور المجتمعات المسلمة. وهو ما دعم فكرة أن الصراع بين الأقليات المسلمة والمجتمع الأوروبي الغربي ربما يكون صراعاً علي المستوي الاجتماعي الثقافي، أكثر من كونه صراعاً دينياً، ويمكن افتراض أن الجانب العرقي في الصراع مبالغ فيه بحق.

من المهم التنبيه الي أن ممارسة حق التعبير السياسي والنجاح في هذا المجال بالنسبة للأقليات المسلمة، اقتصر علي بعض المجتمعات الغربية مثل بريطانيا وفرنسا التي كان من السهل فيها علي المهاجرين الحصول علي الجنسية إلا أن إنكار حق المواطنة والمشاركة في الحياة السياسية والوصول إلى السلطة السياسية علي المسلمين أضعف صوتهم وهو ما يحدث في ألمانيا حيث تعتبر ممارسة تلك الحقوق ليس بالأمر السهل.

١٧٤

إلا أن هناك نقطة هامة لم يتم تناولها كثيراً ألا وهي أن العلاقة بين الأقليات المسلمة والمجتمعات الأوروبية المستضيفة تعتمد إلى حد كبير على ثقة كل منهما في هويته، وأن مقاومة الاندماج الثقافي كانت دائماً متزامنة مع مستوي تفاقم أزمة الهوية وهو ما بات أكثر وضوحاً في اعقاب احداث الحادي عشر من سبتمبر واستمر حتي الآن.

وعلي ذلك، يمكن القول بأن مسألة الهوية هي الأهم من بين كل تلك الأسباب، علي اعتبار أن أوروبا والمجتمعات المسلمة تقف الان في مواجهة تحديات الألفية الثالثة، وهي التحديات التي يتوقف عليها مستقبل العلاقة بين المجتمعات المسلمة وأوربا. وبما أن أوروبا تواجه أزمة هوية حقيقية مع بزوغ فكرة استبدال الدولة بهوية اوروبية جديدة موحدة وهي الفكرة التي لم تلق الحماس الكافي لها في قطاع من المجتمع الأوروبي، كما أن شعوب المسلمين يشعرون أن هذا سيؤدي إلي خلخلة الهوية الثقافية والإحساس بالعزلة الاجتماعية.

بينما نجد أن الأجيال الثانية والثالثة من المسلمين سوف تواجه نفس التحديات، كما أن وضعهم كضيوف غير مرغوب فيهم في دولة أجنبية سيجعل وضعهم الاجتماعي والسياسي أكثر ضعفاً، حيث ستستمر حالة عدم قبول الآخر في أوروبا وهو ما سيحتم علي تلك الأجيال إيجاد حل لغربتهم الثقافية.

وما زالت أوروبا في حاجة إلي معالجة العزلة الاجتماعية والتمسك الشديد بالهوية الثقافية وألا تتهاون في تقدير خطورتهما لأن هذا سيؤدي إلى

هشاشة التركيبة الاجتماعية لأوروبا الجديدة وتجنب كل هذا يستلزم إقامة حوار هدفه خلق تناغم وانسجام ثقافي يساعد في النهاية على اندماج الثقافات وخلق خريطة مجتمعية أوروبية أكثر ترابطاً وتوافقاً.

العلمانية وليدة الفصل بين الدولة والكنيسة(٢٢)

أوليفييه روا

دراسات ١٠ / ١ / ٢٠١٧

ترجمة: حدمين ولد اسلمو

إن العلمانية في الغرب تشكلت، أولاً وقبل كل شيء، على أساس مواجهة بين البابا والإمبراطور، وبين الملك وروما بين الجمهورية والكنيسة أي بين مؤسستين، والمثال المعاكس الأمريكي ليس وحيداً: فضد منزلة الكنيسة

---

(٢٢) موقع حكمة – الرابط:

http://hekmah.org/%D8%A7%D9%84%D8%B9%D9%84
%D9%85%D8%A7%D9%86%D9%8A%D8%A9-
%D9%88%D9%84%D9%8A%D8%AF%D8%A9-
%D8%A7%D9%84%D9%81%D8%B5%D9%84-
%D8%A8%D9%8A%D9%86-
%D8%A7%D9%84%D8%AF%D9%88%D9%84%D8%A9-
/%D9%88%D8%A7%D9%84%D9%83

الرسمية في بريطانيا ثار **الآباء المؤسسون** للمراسيم الفاصلة بين الدولة والكنيسة، وهو فصل لم يكن يعني إطلاقاً الفصل بين الدين والسياسة (نظراً لأهمية الدين المدنية) وإنما كان ذلك الفصل على الطريقة الأمريكية كردة فعل على الإشكال الأوربي.

إن مسألة العلمانية في العالم الغربي ليست هي مسألة العلاقة بين الديني والدنيوي لأنه في العمق كل واحد من القضاءين يدعي القدسية، **والعلمانية الفرنسية** لم تستطع أن ترى النور في العالم الإسلامي نظراً لغياب محركين أساسين ولداها: دولة علمانية ومؤسسة دينية، فالاثنان في تنافس دائم، ليس من أجل سلطة دنيوية، ولكن بغية تراتبية دنيوية تبعاً لفضاء مقدس، وهو ما يفسر كون مصطفى كمال آتاتورك جلب إلى تركيا **دولة يعقوبية** بكامل معداتها الشرعية (القومية والمدرسة وأسطورة الأمة الموحدة)، وليس بحاجة إلا أن يقصي رجال الدين، لأهم لا يشكلون قطباً آخر للشرعية، فهو يكتفي باستغلالهم ومن جهة أخرى، فإن الإحياء وإضفاء القداسة في الدولة الغربية كما رأينا لم يتم بمعزل عن تمسك الدولة بالقوام الديني كي تتأسس، فالقانون حينئذ قائم على الإرادة: إرادة الله، إرادة الأمير وإرادة الجسم السياسي، فالإرادة مهما كانت عامة أو خاصة فهي مقدسة، والدولة في هذه الحالة حاملة لقيم: والقيم الجمهورية إيجابية. والنضال بين الدولة والكنيسة كان قوياً (حتى إذا كانتا يتقاسمان نفس الإيمان) لأهما يدعيان نفس الشرعية ونفس الفضاء وبناء المجتمع.

وفي العمق ليست ثمة علمانية دون دولة قوية، وكما رأينا فإن إعطاء مسحة قداسة على الدولة هو الذي مكن من ظهور فضاء علماني، فالبعد الديني شرط للعلمنة من خلال مرور إلى العامل السياسي، وفي الإسلام ليست هناك كنيسة ولا تقديس للدولة، والنظام تعاقدي ليس بإرادة الشعب وإنما باعتباره محتملاً، فالسلطان أو الأمير يأخذ السلطة بقوة ويحتفظ بها في إطار تعاقد إلى حد ما علني بينه وبين العلماء (طالما ظل يدافع عن الإسلام في الخارج ويدعي تطبيق الشرع في الداخل فهو شرعي) — فانتصاره أو انهزامه ليس إلا دليلاً على التأييد أو اللامبالاة الإلهية. إن النظام ليس مثالياً أبداً ولا مقدساً، وليس كذلك مصدراً للقوانين. إن الدولة في الإسلام كانت دوماً ضعيفة، ليس للاعتبارات التي قدمها موتسكيي (استبداد رجل واحد) وإنما لأن المجتمع المدني استفاد من حماية عززها عاملان: العصبية والشريعة. فالسلطة القوية ليست بالضرورة مرادفة للدولة القوية.

لكننا إذا جمعنا بين الدولة والعلمانية فعلى الإسلام أن يمر بتجربة دولة عصرية قوية وليس بنظام استبدادي. والديمقراطية لن تتأتى إلا حين تقوم دولة عصرية، وفي هذا المعنى نتحدث دوماً عن **المثال التركي.**

فالإسلام فاته قطار التاريخ بالنسبة للكثيرين ويمكنه بتبني تربية قوية أن يقطع المراحل، وهو ما يبرر بعض أشكال الاستعمار (المحميات مثلاً) وتأييد أنظمة استبدادية علمانية (الرئيس بن على في تونس) أو تدخلات عسكرية كانت نتيجتها وضع دولة ما تحت وصاية طويلة (العراق بعد التدخل الأمريكي ٢٠٠٣).

إن النقاش قد انتقل من العلمنة إلى إشكالية الدولة، وليس في الأمر مثار للدهشة لأننا رأينا كيف أنه في التقاليد الأوربية وخاصة الفرنسية لا يمكن الفصل بين التفكير حول الديمقراطية العلمانية وبين إشكالية الدولة، هل لأن القوالب هي إنتاج تاريخ خاص ليس له قيم عالم أم لأنه يجب المرور بنفس الظروف التاريخية التي أنتجت العلمانية (تعزيز العنف وسوء التفاهم) كي يتم تبنيها.

المخيال السياسي للإسلام: هل هناك ثقافة سياسية مسلمة؟

بعيدون من أن نمثل استمراراً لأربعة عشر قرناً من التاريخ، نرى أن الرجوع إلى الإسلام كان مطاطاً ولا يشكل أي نموذج محدد سلفاً ويتكيف مع الأنظمة السياسية المختلفة، ومع هذا فإن الرجوع التلقائي إلى ثقافة سياسية مسلمة يوحي بأنه قد يكون ثمة ثوابت وشكل تخيلي للسلطة يفرض بنية العلاقة التي يقيمها المسلم مع العامل السياسي والذي يجد اليوم صعوبة في الجمع بين نمط الدولة العصرية والديمقراطية، كيف نتخيل وقتئذ عودة العامل الديني إلا بشكل فوضوي؟ فالفوضوية تفترض ديمومة نمط من التفكير مكسو بالحداثة، ولكنه يرجع كفائض يؤسس حقيقة هوية تبحث عن ذاتها، نحن نحاول دوما أن نعرف هذا الثابت الديني والمبدأ والعقلية والثقافة التي تفسر ردات الفعل المختلفة التي يقوم بها كل مجتمع على النظام الاجتماعي والشكل السياسي والممارسة الاقتصادية والعلاقة بينه والفضاء وتعريف الذات.

والمشكل يبقى دوماً هو كيف يمكن للدين أن يمارس وظيفته في الاجتماعي والسياسي؟ كيف يمكنه تحديد سلوك منتسبيه؟ بالطبع يمكننا أن نفكر بلغة عقلية: فالمتدين قد تملكته داخلياً الضوابط التي بمقتضاها يرى أن ليس ثمة فرق بين الدولة والدين وهو إذن لم يصل إلى تكيف مع العلماني لكن لماذا تملكت صاحب الدين داخليا هذه الضوابط بعينها ولم تتملكه آخرى؟ أي علاقة بين الوازع والممارسة؟ هل تحريم الزنا في المسيحية أدى إلى انخفاض عدد الزناة في العالم المسيحي بالتأكيد لا، حتى ولو كان قد ساهم في إنشاء سوق من الإجرامية يتم تسيره في إطار تنوع كبير من الأجوبة والأدوات. فالضابط ليس إذن بريئاً ولكنه لا يمارس دوماً وظيفته بصورة مباشرة.

إن الوازع الديني لا يقوم بدوه كوازع اجتماعي وسياسي إلا لأنه أعيدت صياغته وترجم في آليات تفترض كلها تدخل هيئات أخرى (أنظمة أخرى من ضوابط): القانون، السكينة العامة وكذا أشكال من الدين تختلف بحسب الزمان والمكان. فالمبدأ الديني لا يوجد إلا من خلال إعادة القراءة والتوظيف أي إعادة التدين.

لقد بينا في هذا الكتاب أنه بالنسبة إلينا كان الفاعل الأساسي لإقامة ما نسميه العلمانية هو النظام السياسي وليس المبدأ العقائدي، فمن خلال العامل السياسي وجدت العلمانية طريقها إلى الوجود، وهو أمر ينطبق على الإسلام بينما كانت العلمانية تقوم على أساس تغيرات في أنماط المعتقد لدى المنتسبين إلى الدين.

فمن المهم إذن أن نرى كيف أن مفاهيم دينية ستعبر عن نفسها بعبارات اندماج في الكون ومشروع اجتماعي وعلاقة بالعلمانية والأرض. وما يهمنا ليس المبدأ العقائدي في حد ذاته وإنما في الصياغات التي قدم بها من حيث دبجه لصاحب المعتقد في الكون، وهذا الدمج ليس تجريدياً، حتى ولو كان صاحب المعتقد يتوهم أنه يمتلك إيماناً ورؤية للخلاص صالحة لكل زمان ومكان، فإنه من البديهي أن يعبر عنها في سياق معين، لا يمكننا فهم شيء مثلاً من الخصومات الدينية خلال مرحلة ما من التاريخ (القرن الخامس والسادس عشر بالنسبة للمسيحية) إذا لم نعتبرها خصومات أبدية.

ويمكننا الحديث بالتأكيد عن مخيال سياسي إسلامي بمعنى نظريات تتردد عن السلطة لدى العلماء والمفكرين، لكن المدهش هو عدم الفاعلية، فهم لم يساهموا أبداً في تحديد نظام سياسي إلا إذا غادروا المجال القضائي إلى المجال الإيديولوجي (الخميني) وهي ظاهرة حديثة، فما يحدثه المبدأ العقدي ليس النظام السياسي وإنما مخيالاً سياسياً يرتبط بشكل حتمي بالتفسير الذي نقوم به. والمخيال السياسي المهيمن اليوم سواء لدى الإسلاميين أو لدى الأصوليين الجدد هو نفس المخيال الذي كان لدى النبي صلى الله عليه وسلم ولكن هذا المخيال ليس نقلاً للماضي (لماذا انتظر المسلمون كل هذه الفترة كي يروا بأن نمط الحاضرة المحمدية هو وحده الشرعي). إن تحيين الماضي هو كما كان دوما محاولة امتلاك شكل من العصرنة، فلنأخذ مثال الخلط الدائم بين الإسلاميين والأصوليين الجدد.

فبالنسبة للإسلاميين إعادة الأسلمة تمر عبر الدولة وبالنسبة للأصوليين تمر عبر الورع الشخصي وهم مع هذا يتقاسمون نفس المخيال السياسي: وهو مبدأ أن المجتمع الإسلامي المثالي هو المجتمع الذي كان أيام النبي. لكن هذه القوالب لا يتم توظيفها بشكل مباشر. فعدد من العلماء والمؤلفين الأكثر عصرنة خصصوا صفحات بأكملها لتحديد الشروط التي يجب تحققها كي نصبح خليفة لكن أي شخص لم يسع بشكل جدي إلى أن يغدو خليفة: فالموضوع تم أخذه من جديد من طرف حركات سياسية (كـ **حزب التحرير**، حزب شبه سري يوجد اليوم في لندن ويجد منتسبيه ضمن الشباب الإسلامي من الجيل الثاني) وفق منطق منبت الصلة بالقانون الإسلامي التقليدي (خليفة **حزب التحرير** يتم اختياره من طرف الحزب نفسه وليس من طرف شخص ما: إن تصورا كهذا يجعل الحزب فاعلاً سياسياً وريثاً للماركسية).

وفي الواقع، إذا تمكنا من إعداد قائمة بما سيشكل قاعدة المخيال السياسي الإسلامي (الخلافة عدم الفصل بين الدين والسياسة) سنرى أن هذه القوالب تستغل عبر توظيف قضائي وإيديولوجي. فالمبدأ العقدي ليس له إطلاقاً أثر مباشر على العامل السياسي فهو لا يستغل إلا إذا تمت إعادته وترجمته وتعريفه من جديد عبر إيديولوجية سياسية وفق إعداد قضائي وضمن أدوات للسلطة تعلق بوضعية سياسية محددة: سنرى فيما بعد كيف أن الدولة الإسلامية هي أعداد إيديولوجي خاص بالقرن العشرين.

لكن بعض المؤلفين كساميل هينتكتون (والرأي السائد) يتصور علاقة ما بين **المبدأ العقدي والنظام السياسي**، وهي علاقة قد تأخذ بعدها المادي في الثقافة: الثقافة الإسلامية أو العربية الإسلامية. وخلاصة القول أنه حتى إذا تصورنا أن المجتمع المسلم قد تمت صياغته تبعاً لمسار من العلمنة، فإن الإسلام لم يطبع ثقافتها السياسية ولا العقلية الفردية للفاعلين كما لم تتخل أوربا المعلمنة نهائياً عن مسيحيتها. إن النظرة الشمولية للإسلام تستمر في إيديولوجية سياسية في الشرق الأوسط (حيث القومية العربية ليست إلا علمنة للقومية الإسلامية).

وصعوبة التفكير في مؤسسات سياسية مستقلة وتصور مواطن معزول عن روابطه القبلية أو عن محل انصهاره الفعلي مع المجموعة: كل هذا قد يكون مؤشراً على استمرار ثقافة عربية إسلامية رافضة لإقامة دولة عصرية.

لقد طرحنا منذ البداية سؤالاً يتردد دوماً: كيف يمكننا أن نقول بأن **المبدأ العقدي** هو الذي يحدد السلوك لدى أصحاب المبدأ؟ بالنسبة للأصوليين المتشددين الجواب فيما يبدو واضحاً، فصاحب المعتقد نفسه هو الذي يقرر أن يضع تعاليم معتقده نصب عينيه وبالنسبة، للمسلم الاجتماعي الذي لا يحتاج إلى إبراز معتقده هناك لجوء إلى مفهوم الثقافة الذي يفترض أن يتم توظيفه من أجل تبيان كيف أن مجتمعاً ما قد يكون محكوماً بالعامل الديني دون أن يكون هذا الأخير بادياً في أي مكان لا في القانون ولا في المؤسسات.

وفي النهاية، فإن الثقافة يتم تصورها على أساس أنها فاعل يمكن الدين من قولبة المجتمع وقولبة العقليات، إنه المفهوم الأساسي لإشكالية **صدام الحضارات**: والحضارات دينية في جوهرها حتى ولو كانت معلمنة، لا يمكننا الفلاة من الدين، والثقافة هي الوسيط بين الدين والمجتمع: إنها هي ما يتبقى من الدين إذا تبخر الإيمان. العلمنة هي إذن استمرار للعامل الديني دون تقديس له وهو يتماشى وهذا الشكل المستعاد من المثالية الدينية ويتماشى مع التحاليل التي نقدمها عادة عن علمانيتنا.

فنحن إذن أمام حالتين تحاصران الإسلام في شبه جزيرته: دين معلمن يجد تعبيره في الثقافة ودين أصولي يتم التعبير عنه في أشكال من الإلزامية السلطوية. فحتى ولو لم نكن لدينا معتقد فسنبقى مسلمين، فتخوش من الفئوية يتم تفهمه بسهولة، لأن المسلم الاجتماعي يغدو حينئذ بالضرورة قابلاً لأي إحياء ديني للثقافة أو للمعتقد الذي يحمله في داخله: فالأصولية إذا يتم تصورها على أنها امتداد للثقافة الأم. والعلمانية حقاً تفترض آنذاك تخل عن كل رجوع إلى هوية غير هوية المواطنة السياسية.

ومشكل هذا التحليل الذي يطمح إلى تفسير الثقافة بالدين هو أن العامل الديني المؤسس لا يمكن فصله بحد ذاته: هذه الثقافة العربية الإسلامية تنبع في واقع الأمر من أنتربولجيا المجتمعات العربية أكثر مما تنبع من الإسلام بحد ذاته إنها تدخل واستمرار كاذب (في الإسلامية الأموية و العروبية الأممية) ويجهل الاقتباسات (مثلاً: العروبية الأممية تنبع أكثر من الأممية العرقية على النمط الجرماني الذي تم تحليله بخصوص أوربا، نفس الشيء بالنسبة للدولة

الإسلامية التي تنبع من إشكالية عصرية للدولة الأيديولوجية). وفي الواقع فإن ثقافة الإسلامية هي بناء خيالي مركب من عدة عناصر، من المبدأ العقدي، ومن قوالب تاريخية، ومن ملامح اجتماعية، ومن عقليات صهرت كلها تحت اسم الثقافة.

عبارة الثقافة عبارة إطنابية: الثقافة الإسلامية أو المسلمة قد تكون العنصر الثابت والحاضر في كل المجتمعات المسلمة المختلة والمتنوعة، فنجد فيها بصورة عامة ما أدرجناه فيها عند المنطلق، ومن جهة أخرى حتى إذا كانت الثقافات ذات أصول الدينية (لن نناقش الأمر هنا) فإن بعض القوالب (كالدولة والديمقراطية يمكنها أن تستقل بذاتها وأن تنفرد: لكن الإشكال هو تجذرها في النموذج السياسي، في سياق جديد وليس عدم مواتاة مفترضة مسبقا، ثم هل يجب أن نعرف ما إذا كان اقتناء هذا النموذج يفترض المرور عبر اللحظة التاريخية التي ولدته، غير أن السياق فصل الأراضي (الهجرة مثلاً) يفصل النماذج السياسية المستعملة في الثقافة الأم.

وبصورة عامة فإن الخطأ الكبير للمذهب الثقافي فيما يتعلق بالإشكال الديني هو تصور الأصولية على أساس أنها إحياء للبعد الديني لثقافة تقليدية في حين أن الأصوليات العصرية هي على العكس جزء لا يتجزأ من مسار الهدم الثقافي، إنها عودة الدين التي تشكك في الرابطة بين الثقافة والدين بصورة ربما أكثر راديكالية من المسارات البطيئة للعلمنة، إنها حتما إشكالية العولمة تتجلى في مختلف الحالات: عولمة نمط العامل القضائي والسياسي أو عولمة أشكال التدين التي ترتبط نسبياً بالمضمون الديني

١٨٦

للمعتقدات. لقد ذكرنا بالحوار بين البروتستانتية والرأسمالية ورأينا كيف أن خُلُق شغل جديد قد بدأ يشق طريقه في إطار الرأسمالية ولكن كيف أنه بدأ يتسرب إلى الخارج لا فقط بالنسبة للكاتولوكيين، وإنما كذلك بالنسبة للمسلمين (في إطار مسياد: نقابة تركية تضم المؤسسات الصغيرة وهي تتطلع إلى خُلُق جديد للشغل).

والإشكال حينئذٍ، هو ما إذا كان هذان الشكلان من أشكال العولمة هو على العكس من النظر القروي للعولمة الفرنسية، هل نمو هذه الأنماط الجديدة للدولة أو المجتمع (بصورة صريحة المجتمع المدني) ونمو الأصولية الفردية والخالية من الثقافة، وبكلمة واحدة فإن العولمة تعزز نمو الأصولية الدينية وتضعف في الوقت نفسه نمط الدولة الذي سمح بالعلمانية وهو بدون شك ما يحدث اليوم. وثمة سؤال فرعي يتمثل في معرفة ما إذا كان هذا الأمر مرغوبا فيه، ولكن للإجابة على هذا السؤال، لا بإلقاء أماني علمانية أو دينية، ينبغي أن نفحص ديناميكية هي قيد التحرر.

قوس الدولة الإسلامية وخلق فضاء علماني

إن تاريخ العالم الإسلامي يظهر أن السلطة كانت دائماً علمانية وغير مقدسة، غير أن إعادة الأسلمة في القرن العشرين شككت في التوازن بين السياسية والدين نتيجة إعادة قراءة للإسلام (الإسلامية والأصولية الجديدة) التي تتراءى لنا كأنها عودة للأصول، ولكنها في حقيقة الأمر هي أدلجة للدين، فالإسلامي والأصولي إذا أكدا على ضرورة الرجوع إلى زمن محمد (ص) فهم أول من سيقول بأنه لم توجد أي تشكلة سياسية في العالم

الإسلامي تطابق الدولة الإسلامية الحقيقة، فمشكل الدولة إذا هو مشكل عصري تشكل على أساس نموذجين:

أ . إعارة جهاز دولة علماني وسلطوي على النمط الأوربي إما تحت نموذج استبدادي متنور منذ القرن التاسع عشر (محمد علي في مصر) ثم مع مصطفى كمال آتاتورك ورزا شاه في القرن العشرين أو تحت أنظمة من النمط الفاشي أو الاشتراكي (الحزب الواحد أو الزعيم الروحي أو دور مصالح الأمن والجيش الخ) من الناصرية إلى البعثية مروراً **بجبهة التحرير الجزائرية** وهذه الأنماط من العلمانية السلطوية لم تستطع إطلاقاً أن تتبنى الديمقراطية باستثناء تركيا.

ب . الدورة الإسلامية: التي أنتجها تحول معين للإسلام في قالب إيديولوجيا سياسية تحت التأثير الواسع لفلسفة السياسية الأوربية حيث الدولة هنا هي التي تصوغ المجتمع.

وبخصوص الدول العلمانية السلطوية فإن المطالبة الشعبية بالدولة الإسلامية ظهرت بالتحديد كمطلب احتجاج للمجتمع وكبحث عن أصولية خاصة إذا فقدت هذه الدول شرعيتها المناهضة للإمبريالية والوطنية (مصر بعد عبد الناصر والجزائر بعد أبو مدين).

إن رفض العلمانية هو تعبير عن رفض نظام، والأمل في أن مستقبل النظام سيكون تحت رقابة قانون لن يكون هو قانون الرجال وبالتالي سيقضي على الارتشاء وعلى كل سلطة شخصية، الأمر لا يتعلق فقط باحتجاج

مجتمع تقليدي وإنما على العكس بإرادة امتلاك للدولة من أجيال جدد تولدت من التحولات الناتجة على مستوى الدولة: طلاب ومجتمع حضري والتكنوقراطيين.

وقد درست سابقاً تناقض الدولة الإسلامية.

ونكتفي هنا بالقول أن تعريفه سواء لدى الماوردي أو الخوميني أو الإخوان المسلمين ليس مستمداً من الشريعة ولا من التقاليد السياسية للعالم الإسلامي، ولكنه يمثل في الحقيقة قراءة إسلامية لمفاهيم سياسية عصرية (الدولة والثورة والإيديولوجيا والمجتمع) إذن بالتحديد تفكير حول الاستقلالية وأولوية السياسي آخذين مفهوماً وسطياً هو مفهوم الأيديولوجيا: الدولة الإسلامية لم تعد هي الدولة التي تعترف بالشريعة كقانون لدولة ولكنها دولة تأخذ الدين كأيديولوجيا للدولة.

وفي دولة كهذه مثل إيران الإسلامية ليس العامل الديني هو الذي يحدد مكانة العامل السياسي وإنما العكس. الموطن الوحيد الذي أقيمت فيه دولة إسلامية هو إيران وليس ذلك صدفة فنحن نجد فيه القطبين الأساسيين الدولة والكنيسة.

ولقد بينا كيف أن الثورة الإسلامية ساهمت في جعل المجتمع دولة، ولكن خصوصاً انطلاقاً من هذه الحالة أمكن لإشكالية حقيقية للعلمانية أن تنمو بمعنى الفصل بين هيئة المنتجين للمعرفة والطوابق الدينية والمسيرين للدولة.

إن الأدلجة ليست إلا رجوعاً للعامل السياسي وتأكيداً لهيمنة السياسة على القانون الشرعي التقليدي لكن تأثير نظام إسلامي كهذا هو أن يولد العكس: علمنة متسارعة مع - بخصوص إيران - تهاوٍ للممارسة الدينية، وبخصوص افغانستان بعد انهزام الطالبان نزع المسحة السياسية عن الإسلام.

ففي إيران، إلى جانب الإصلاحيين، هناك الدينيون التقليديون الذين يطالبون لا بالعلمنة (فهم يحرصون على أن يظل المجتمع المدني دينياً) وإنما بالفصل بين الكنيسة والدولة كي يتم إنقاذ الأولى.

إن منزلة آية الله السيستاني في العراق، وإن كانت لا تساوي خطياً منزلة رجل الدين الشيعي العراقي السامي خلال القرن العشرين، يجب أن نقرأها على ضوء فشل **الثورة الإسلامية الإيرانية**: السيستاني لا يريد دولة إسلامية قد تفصل المبادئ التي تقوم على الشرعية الدينية وتفرض إذ ذاك أن تتدخل في تسيير الشؤون اليومية للعامل السياسي.

فالإشكال ليس إذا هو استمرار الثقافة الإسلامية ولكن بروز أشكال جديدة من أدلجة الدين ومن التدين في إطار الدولة القومية العصرية.

الثورات الإسلامية تقود إلى خلق علمانية بالفعل لأنها بتسييسها المفرط للعامل الديني تجعله يفقد دوره كملاذ يقود معتنق هذا الدين تقليدياً، ويجعله مؤمناً جديداً حالماً بفضاء روحي خارج الفضاء السياسي، فما تبقى للسلطة إذن لم يعد الدين وإنما جهاز سياسي متدين يستعمل النظام

الأخلاقي كي يحافظ على وضعيته كسلطة، وفي هذه الحالة فإن عودة الشعور الديني تتم خارج العامل السياسي وخارج الدين الرسمي وحتى خارج الإسلام الشيعي الأورتودوكسي: عودة إلى الصوفية والحلولية واهتمام بالمسيحية دون الحديث بالطبع عن الإلحادية.

إن تسييس العامل الديني قد قاد إلى الفصل بينه والعامل السياسي والمطالبة بالديمقراطية قد تكون في نهاية المطاف علمانية.

الإسلام والعلمانية في عالم متغير: استمرارية العلمانية .. حوار مع الباحث الفرنسي باتريك ميشيل[23]

القاهرة — حسام تمام

٠٤ / ١٢ / ٢٠٠٥

من الجدل العنيف حول قانون حظر الحجاب في فرنسا، إلى التأثير الديني غير المسبوق في الانتخابات الأمريكية، كان الحضور الديني في الفضاء العام وتداعياته السياسية لافتا، بل أبرز التغيرات التي طرأت على عالمٍ كان قد قطع رحلته نحو الحداثة، معتقدا أنه نجح في حصر الدين في مجالاته الخاصة والشخصية. ثم جاء التصاعد المستمر للدين في الفضاء العام ليطرح إشكالات عدة:

فماذا تعني عودة الدين بقوة إلى الفضاء العام؟

---

(23) موقع مرصد الظاهرة الإسلامية — الرابط:
http://www.tammam.org/%D9%84%D9%82%D8%A7%
D8%A1%D8%A7%D8%AA.html?start=5

وهل يدفعنا ذلك إلى إعادة النظر في مقولة سيادة العلمنة؟

وهل كان الحضور الديني على حساب العلمانية؟ أم وفق منطقها بحيث صار يؤدي إلى علمنة الدين؟

وهل لهذا الحضور الديني علاقة بانهيار الأيدلوجيات ونهاية الروايات الكبرى للعالم؟

وكيف يعيد ذلك تشكل الشأن الديني وقضية الإيمان؟

طرحنا هذه الإشكالات على الباحث الفرنسي باتريك ميشيل patrrick michel الأستاذ **بمعهد الدراسات السياسية ومعهد الدراسات العليا للعلوم الاجتماعية** بباريس، والذي عرف باشتغاله على قضايا الدين والحداثة والسياسة.

وإضافة لكتابه الأشهر: **"الدين والسياسة – التحول العظيم"** (١٩٩٤) صدر لباتريك ميشيل أكثر من عشرة كتب تعالج هذه القضايا من أهمها: **"الكنيسة في بولندا ومستقبل الوطن"** (١٩٨١)، **"السياسة والدين في أوربا الشرقية"** (١٩٨٥)، **"الأديان في أوربا الشرقية"** (١٩٩٢)، **"كل الطرق لا تؤدي إلى روما: التحولات المعاصرة للكاثوليكية"** (١٩٩٥)، **"الدين والديمقراطية: قضايا ورؤى وإشكالات جديدة"** (١٩٩٧)، **"الدين في المتحف"** (١٩٩٧)، إضافة إلى عدة كتب أخرى عن الدين والسياسة في أوربا الشرقية قبل وبعد انهيار الشيوعية.

التقيناه في القاهرة، فكان هذا الحوار الذي إذا كان لنا أن نلخصه في جملة فهي: أنه استطاع أن يضع الظاهرة الدينية في قلب حركة الحداثة، وليس باعتبارها رد فعل عليها، على عكس ما شاع من قبل.

استمرارية العلمانية

* مع التغيرات التي شهدها العالم في العقود الثلاثة الأخيرة، وأبرزها تعاظم دور الدين في السياسة العالمية — كما في النموذج الأمريكي — عاد إلى المشهد من جديد الجدل حول الدين والعلمانية ومستقبل العلاقة بينهما، ولاحظنا ظهور مدرستين متناقضتين، الأولى تتحدث عما يسمى بنهاية العلمانية فتذهب إلى عكس ما كانت تبشر به الكتابات والنظريات التي كانت تؤكد على أن العلم وتقدمه سيكون على حساب الدين، ويذهب أصحاب هذه المدرسة — ومعظمهم أمريكيون وأبرزهم عالم الاجتماع جون فول — إلى أن الواقع يقول إن الدين يزداد حضوره باطراد في الفضاء العام؛ بما يحتم إعادة النظر في دعوى غلبة العلمانية. بينما يذهب أصحاب المدرسة المعاكسة — ومعظمهم فرنسيون — إلى تأكيد انتصار العلمانية، وأنه وإن كان حضور الدين في تعاظم فإن هذا الحضور لن يخل بالعلمانية، بل إنه يؤكدها يوما بعد يوم؛ لأنه يتم في إطار علماني وعلى أرضية علمانية ستنتهي إلى علمنة الدين نفسه على نحو ما يرى أوليفييه روا ومارسيل جوشيه.. فكيف ترى هذا الجدل وإلى أي اتجاه تميل؟

– نحن نعتمد بشكل كبير على التنظير الأمريكي، وبالذات ما كتبه "بيتر بيرجر" و"هارفي كوكس" الأبوان الروحيان لمقولة سيادة العلمانية، وكانا قد كتبا عن "**المدينة العلمانية**"، ثم عادا واعترفا بعد ذلك بأنهما أخطئا، فكتب "بيرجر" يقول: "**إن العالم ما يزال متديناً**"، بل صارت الصيحة الجديدة هي "**الخروج من العلمانية**"، ونما تيار مضاد لمقولة سيادة العلمنة، ونلاحظ أننا فيما مضى كنا نتحدث عن **الاستثناء الأمريكي،** بمعنى أن هناك بلداً – الولايات المتحدة – سيظل متديناً في عالم تغلب عليه العلمانية، بينما العكس يحدث الآن؛ فصار **الاستثناء الأوربي** العلماني هو الذي يعيش في وسط الأغلبية المتدينة. بعد أن اكتسح التيار المضاد للعلمنة العالم حتى صارت أوربا آخر بؤر العلمانية فيه.

وما أتصوره هو أن هناك استمراراً للعلمانية، وأنه لا يوجد ارتداد عن العلمانية للدين ولا يوجد "**ثأر الله**" (بتعبير جيل كيبيل)؛ وإنما هناك ظهور جديد للدين، وتصبح القضية هنا كيف نفسر هذا الوجود الديني المتعاظم والمؤثر بشكل كبير في فضاء السياسة والاجتماع الإنساني، وهنا لا يصلح الدين بمفرده للتفسير، وإنما لكي نفهم عودة الدين لا بد أن نعتبره مدخلاً لفهم الظواهر الأخرى المحيطة به والمتراكبة معه.

وأنا أعتقد – كما سبق – في استمرارية العلمانية باعتبارها تقليص سلطةِ أو تأثير المؤسسات الدينية على الفرد وعلى رؤية المجتمع الكبرى وعالمه الرمزي، وأنا لا أتحدث هنا عن الدين كمفهوم، وإنما عن الدين كإمكانات للدرس والتوصيف.

ماذا تعني استمرارية العلمنة؟

وإذا ما طرحنا السؤال عن ماذا يعني استمرارية العلمنة سنلاحظ وجود ثلاث ديناميكيات رئيسية:

الأولى هي: (الفردنة) بمعنى تأسيس علاقة فردية بين الإنسان والمعاني الدينية، والجديد في هذه العلاقة هو شرعية الفردنة وقبولها اجتماعياً، وهذه هي الصفة السائدة الآن للتدين في أوربا.

والديناميكية الثانية تنتج عن الأولى وهي: الابتعاد عن المؤسسات الدينية، حيث تفتقد هذه المؤسسات احتكارها لتعريف ما هو الدين الصحيح، وهو ما حدث في أوربا؛ إذ لم تعد المؤسسة الدينية هي الجهة التي تقول ما هي الكاثوليكية الصحيحة أو البروتستانتية الصحيحة.

أما الديناميكية الثالثة فهي استهلاكية العلاقة بالدين؛ أي إدخال بعد استهلاكي للدين، بمعنى أن الفرد يتعامل مع الدين بشكل استهلاكي فيختار من العرض الديني ما هو مناسب له من خلال مقاييسه الخاصة؛ وإذا كان العرض الديني غير مقبول بالنسبة له فسيقوم بتغييره؛ فهو لن يخجل من رفض هذا العرض والبحث عن تدين مناسب له ولمتطلباته.

ومن البعد الاستهلاكي للإيمان المعاصر نستطيع أن نفسر التحولات التي تتم من ديانة إلى أخرى، وظهور تجميعات أو خلطات من بين الديانات، ويحدث هذا للناس بوعي تام ودون الشعور بأي ذنب، وهو ما يؤدي إلى شرعية الدمج والنقلات والتحولات بين الانتماءات الدينية

المختلفة، وأبرز مثال على ذلك تجارب التصوف في الغرب التي يخوضها مسلمون ومسيحيون ويهود وأبناء ديانات مختلفة بل وملاحدة!.

ـ تقليدياً كانت هناك علاقة مباشرة بين الطلب على المعنى (بمعنى طلب الإجابة على الأسئلة المهمة مثل: ماذا سيحدث بعد الموت ...) وبين عرض مؤسسي (إجابات تقدمها المؤسسات الدينية: المسجد، الكنيسة، المعبد...)، ودائماً ما كانت إجابات هذه المؤسسات إجبارية (يجب علينا أن نؤمن بكذا ...)، وهذا ما يخالف نظرية الفردنة؛ فالمؤسسات دائماً تفرض والفرد دائماً يرفض الفرض والإجبار.. وأنا أرى أن هذا النموذج التقليدي لم يمت بعد وما يزال موجوداً، لكن الجديد هو أن هناك تغيراً فعلياً يحدث بالانفصال عن إجابات هذه المؤسسات، فإجاباتها لم تعد محل قبول من الفرد، ولم يعد الدين في عالمنا الجديد يستطيع أن يؤسس بالإجبار، أي لم تعد لديه القدرة الإجبارية على الناس، لذلك فإن الآفاق الدينية الجديدة آفاق مريحة بعيدة عن الإجبار والعنف الرمزي والقلق، فكل فرد صار يبحث عما يريحه.

وما أقصده هو أن مساحة الدين أو فضاءه وحيزه سنسكنها فقط حين تكون مريحة، أي سيكون اللجوء للدين حين يكون مريحا للفرد، أي سيكون اللجوء للتدين المريح بعيداً عن الإجبار، وفي أوربا فإن اللجوء للدين الآن يتم بعيداً عن أي فرض أو عنف رمزي، حتى لو كان هذا الفرض في صورة نظام قيمي إجباري.

*** ألا يبدو هذا التحليل وهذه الصيغ أقرب إلى المسيحية، وتبتعد كثيرا عن الإسلام في مسألة المؤسسة وشرعية الفردنة؛ خاصة أن المؤسسة ليست بنفس الحضور في الإسلام وكذلك ما يخص الفردنة؟**

— ربما ينصب كلامي بشكل خاص على الكاثوليكية، ولكنه ينطبق كذلك بشكل عام عن الشأن الديني في أوربا.

عودة الدين.. وبأي معنى؟

*** نعود لسؤالنا السابق ثانية؛ فأنت لم تجب بعد عن السؤال: لماذا تذهب إلى رفض القول بعودة الدين على حساب العلمانية في الفضاء العام، رغم أن الشواهد كلها تدعم هذا الرأي؟**

— في السبعينيات وقعت الكثير من الأحداث أدت إلى الاعتراف بأن التنظير للعلمانية لم يكن منضبطاً، من ضمنها **الثورة الإسلامية الإيرانية**، و**حركة "تضامن"** في بولندا التي كان للكنيسة فيها دور مركزي، والحركات الكاريزمية في أمريكا الجنوبية وإفريقيا، وحركات الإنجيليين الجدد

(البانتكوتيزم Pentecotisme) في أمريكا الشمالية واللاتينية والجنوبية، وتكون وانتشار المجموعات الأصولية المختلفة سواء المسيحية أو اليهودية أو الإسلامية..

وقد دفعت كل هذه الأحداث والتغيرات إلى الحديث عن عودة الدين فكتب هارفي كوكس كتابه "عودة الله"، وكتب جيل كيبيل "يوم الله"، وكتب بيتر بيرجر كتابه" "العودة إلى سحر العالم"، ويقصد بالسحر: الدين، فيما يشبه معارضة لكتاب ميشيل جوشيه "بعيداً عن سحر العالم"...، وكلهم يذهبون إلى فكرة العودة.. وهناك مدرسة أخرى قريبة من هذه المدرسة تمثلها "دانيال لوجيه" وهي باحثة في علم الاجتماع مختصة في تحليل الظاهرة الكاثوليكية، وهي تذهب هي الأخرى إلى ضرورة إعادة النظر إلى العلمانية، ولكن طرحها لا يتطابق مع دعاة نظرية عودة الله؛ فهي تتحدث عن أن المجتمعات التي تمت علمنتها تستطيع أن تنتج منتجات دينية، ولكن هذه المنتجات الدينية الجديدة تتوافق مباشرة مع الحداثة العلمانية نفسها، ومن ثم فالعودة هنا ليست لأشكال دينية تقليدية، ولكن لفكرة التدين.

وأنا لا أتفق مع كلا الاتجاهين، وأرى أن الحديث عن عودة الدين يجب أن يتصل بنهاية الاستقطاب بين الشيوعية والرأسمالية كنظم قيم وليس كدول فقط؛ فهو ما أدى إلى إعادة طرح فكرة الدين من جديد. فلم تعد مسألة الانتماء يسيرة بعد انهيار الأيدلوجيات ونهاية الروايات الكبرى للعالم، وهو ما أعاد الاعتبار لفكرة المعنى: من نحن؟ ومن أين؟ وما العالم؟..

ومن ثم فإنه، مع أي إعادة تشكيل للعالم، فإن هناك مشكلة وأزمة في الهوية التي لم تعد بنفس الوضوح الذي كانت عليه.. وقد أدخلنا سقوط الاتحاد السوفيتي إلى ما أسميه باستنزاف للسياسة، وأعني عدم وجود عقائد سياسية كبرى تستوعب الناس، وهو ما أدى إلى التوظيف السياسي للدين، فاستنزاف السياسة جعلنا نلجأ للموارد المتاحة حالياً، وهي الأديان.. إذ أدت خلخلة الهوية لنوع من الحماس الديني؛ لأن الأحاسيس والمشاعر اتجهت لأهم الموارد الرمزية التي ما تزال باقية والتي تعطي معنى للعالم: وهي الأديان.

* وكيف ترى هذا الظهور الجديد للدين؟ وما معناه؟

— فرضيتي الأساسية لهذا الظهور الجديد للدين أنه مؤشر ووسيلة لإدارة ديناميكيات اجتماعية وسياسية شمولية أوسع، وهناك ثلاثة مستويات تفسر الظهور الجديد للدين في الفضاء العام باعتباره:

— مؤشراً ووسيلة لإعادة تشكيل العلاقة بين الزمان والمكان.

— مؤشراً ووسيلة لإدارة أزمة الهوية.

— مؤشراً ووسيلة لإدارة استنزاف السياسة، بعد أن صارت لدينا أزمة سياسية تتمثل في أننا الآن لدينا سياسة وليس لدينا دافع لها، فهي سياسة بلا يوتوبيا سياسة بلا حلم.

فنحن الآن في العصر أو الزمن العالمي، وهو عصر سمته الأولى تقليص الزمن، فأنت في أي مكان وبلمسة واحدة تستطيع الحصول مباشرة

على ما تشاء من معلومات عبر الإنترنت من دون فاصل زمني، لقد صرنا في فضاء زمني مفتوح، وأصبح من المستحيل على أي مجتمع أن يرى نفسه منفصلاً أو كجزيرة منعزلة، ونفس الشيء مع المكان، فقبل انهيار الاتحاد السوفيتي كنا ندير علاقتنا بالمكان بالانغلاق، وكان رمز هذا الانغلاق هو سور برلين الذي يفصل بين الشرق والغرب، تغير ذلك كله الآن.. فلم يكن انهيار سور برلين مجرد انهيار سور أو حتى نظام، ولكنه كان انهيارا لفكرة الانغلاق وفكرة أن المكان مغلق وأن هناك شرقا وغربا؛ المكان الآن مفتوح ولم يعد هناك شرق وغرب... وقضية الأديان هي إدارة هذا التفكك أو هذا الانفتاح..

والسؤال الآن هو كيف تتحرك في مكان وفضاء مفتوح؟

ولكي نوضح ذلك أضرب مثالين:

الأول خاص بإستراتيجية الكنيسة الكاثوليكية تحت قيادة جون بول الثاني (البابا يوحنا بولس الثاني) والتي تعرف بروعة الحق، فطوال الوقت يعمل جون بول الثاني على تأكيد مركزية روما والفاتيكان في الكنيسة الكاثوليكية، ولكن سعيه لذلك يتم من خلال السفر والانفتاح والحضور الكثيف في الخارج كوسيلة أساسية لاستعادة هذه المركزية وتأكيدها، أي أن الفاتيكان يعمل طوال الوقت على دعم مركزيته بينما – وفي نفس الوقت – يؤكد البابا دائماً على هذه المركزية من خلال حضوره بالخارج.

المثال الثاني هو أنه في خلال ألفي عام تقريباً من تاريخ الكاثوليكية لم يكن من الممكن توحيد منهجية التعليم الديني الكاثوليكي على مستوى

العالم إلا مرتين فقط؛ الأولى عند الخروج من القرون الوسطى وبدء عصر النهضة وعصر اكتشاف أمريكا في عصر يتسم بالتوسع المكاني بعيداً عن الإقطاعيات المنغلقة، في حين جاءت المرة الثانية في عصر جون بول الثاني أيضا: حين انفتح العالم مرة ثانية.

الدين ومسألة الهوية

*** وكيف انعكس ذلك على الهوية، وما شكل علاقتها بالدين في هذا السياق؟**

— نحن في عصر أعيد فيه تشكيل العلاقة بين الزمان والمكان تماماً.. وهو ما أحدث خلخلة وذبذبة أعادت حضور الدين مجددا كفاعل رئيسي.. فتمت تعبئة الدين بهدف إعادة بناء الهوية. وفي مسألة الهوية، فإن كل المقاييس التي كانت تنظم مسألة الهوية فيما مضى تغيرت، ومن ثم فقد صارت معايير تحديد الهويات غير واضحة، فنتيجة هذه الخلخلة أو الذبذبة لم تعد الهويات ثابتة كما كانت سابقاً، لقد صارت الهويات متحركة ومتغيرة وهو ما يعني أنها أضحت ضعيفة، وللتوضيح نضرب أمثلة مختلفة:

فالنوع الجنسي الذي كان يحدد الهوية (ذكر أو أنثى) تغير فأعيد تعريف الذكورة والأنوثة حتى بيولوجيا، وظهر الجندر أو النوع الاجتماعي بديلاً عن النوع البيولوجي، ولم يعد مقبولاً فكرة التفرقة الجنسية في تنظيم الحياة (مثل العمل).

كما شهدنا حالة انفجار في النماذج الأسرية بعد أن تكسرت الأسرة النووية التقليدية، وقد رصدت دراسة في فرنسا ٢٧ نموذجاً أسرياً مختلفاً بينت عدم الوضوح، أو التغيير السريع في الهوية الأسرية؛ فمثلا نجد أن الفرد يمكن أن يكون لديه ابن ويتزوج من امرأة لديها ابن والأربعة يعيشون مع بعضهم في نفس المنزل، ونجد الابنين يتعاملان مع بعضهما معاملة الإخوان، ولهما نفس الأقارب من طرف الأب والأم بينما في الأوراق الرسمية ليس لها أي صلة.

كما حدث التغير نفسه في الهوية المهنية: ففيما مضى كان العمل أكثر ثباتاً، وكان الواحد يمتهن مهنة معينة طول حياته الوظيفية، بينما الآن يمكن أن يتنقل من شركة إلى أخرى أو من مجال عمل إلى آخر، ويتم ذلك بسهولة ومرونة.

وكذلك الحال في الهويات الاجتماعية إذ لم تعد فكرة التفرقة البرجوازية أو ظهور الطبقة العمالية والأرستقراطية ثابتة، وصار ممكناً الانتقال بين الطبقات.

وفي الهويات السياسية: تغير محور اليمين واليسار الذي كان سائداً قبل سنوات، وكان يعطي إمكانيات لتفسير السياسة ورسم خريطتها، ولم يعد له الآن نفس المركزية التي كان عليها.

والشيء نفسه فيما يخص الهويات الوطنية، حدثت تغيرات عميقة أهمها التغير في مفهوم ونظام الدولة القطرية، فلم يعد من الممكن في فرنسا — مثلاً — أن نتحدث عن وحدة التاريخ المشترك بيننا كفرنسيين فقط، وصار

من المفترض إعادة النظر في فكرة المواطنة نفسها بعد أن انفتحت الدولة الفرنسية لموجات الهجرة، كما تكسر وهم **"المثل"** الذي كانت تعتمد عليه الدولة الوطنية، كما تكسر نظام الدولة القطرية بسبب مطالب الاستقلال المحلية (دعاوى الاستقلال في أسكتلندا عن بريطانيا وكورسيكا عن فرنسا والشمال في إيطاليا والأندلس في أسبانيا..) وضعفت الدولة القطرية من مستوى أعلى تمثل في ظهور كيانات أكبر منها مثل الاتحاد الأوربي، كما جاء الضعف نتيجة الاعتراف باستحالة علاج بعض المشكلات على مستوى الدولة القطرية مثل قضية التقنية العلمية (فليس هناك دولة الآن تستطيع أن تصنع طيارات بمفردها؛ لأن هذا مشروع أوربي ليس فرنسياً أو إيطالياً أو ألمانيا..) وحقوق الإنسان وحماية البيئة.. فكلها قضايا صارت **فوق قطرية** وعابرة لحدود كل دولة. وهذا ينطبق أكثر ما يكون على حركات المقاومة والحركات المناهضة للعولمة فهي لا تتم في إطار الدولة وإنما تتسع على مستوى العالم.

ومن أكثر الهويات التي صارت تفتقد للوضوح الهويات الدينية؛ وإعادة تشكيل الهويات الدينية يتم في نفس السياق لكل الهويات الأخرى، بمعنى أن الشأن الديني ليس منفصلا عن المجتمع، وبالتالي فإن الهوية الدينية تفقد الاستقلال والاستقرار نتيجة الفردنة، بمعنى أنها يمكن أن تتغير ولا توجد أي مؤسسة دينية يمكن أن تمنع ذلك، فقد صار من الصعب أن تقنع المؤسسة الفرد بوجود شيء مستقر ومطلق ومركزي ينظم كل شيء (القدر والنصيب..) يمكنه أن يؤمن به، والهويات الدينية مثل الهويات الأخرى تتقدم

وتتغير وتنمو نموا سريعاً، ولا يمكن النظر إلى أن التحركات بين الهويات لا يمثل ضعفا في الهوية، فالهويات متنقلة وتعكس مناخا عاما يؤثر في الهوية ويشكلها بمختلف أشكالها، سواء اجتماعية أو أسرية أو جنسية أو دينية، فأبناء الجيل الثاني من العرب في فرنسا يحملون الهويتين العربية والفرنسية في نفس الوقت، ورغم أنه بإمكان الواحد منهم أن يختار أن يكون فرنسيا فقط، لكنه دائماً ما يرجع إلى أصوله العربية رداً على التهميش وعدم الاعتراف بخصوصيته؛ ولأن الهوية العربية تصطدم مع بعض مبادئ الهوية الفرنسية التقليدية، فالحل في هذه الحالة المصير لمستوى آخر في الهوية وهو الإسلام؛ بمعنى التخلص من الهوية العربية إلى هوية أكبر وأوسع يمكن أن تضم الهوية الفرنسية أيضا، لكن تتجاوزها وتحقق الخصوصية والتميز (شعار مسلمي فرنسا: فرنسي نعم ولكن مسلم أيضاً)، وهو ما يمكن أن يفسر صعود الدين بين أبناء الجاليات المسلمة.

وأود التأكيد على أنه وإن كانت هناك حركات تفكيك دينية، ولكن هناك رد فعل عليها بمحاولات إعادة البناء، والتحدي أمام حركات إعادة البناء هو تكوين هويات قابلة للحركة، والهوية المتحركة لا تعني أن الهوية نفسها تتحرك، ولكن تعني أن الناس أنفسهم يعترفون بأنهم يتحركون من هوية لأخرى.

الدين في ظل السيولة والتنقلات

* لكن في ظل هذه السيولة الدينية على ما يتضح من سردك ماذا سيتبقى من الدين في إطار التنقل والتغيير والنسبية، ما هو تأثير ذلك على الدين والتواصل بين دين ودين؟

ـ نحن في سياق إعادة تشكيل عام للعلاقة بين الإيمان ومضمون الإيمان، فالمناخ العام يشير إلى قبول حركة التنقلات بين المرجعيات الدينية، ومن نتيجة البحوث الاجتماعية في أوربا نلاحظ أن الناس لا يتأثرون بالمضمون، فمن الممكن أن يكون الفرد مسيحياً لفترة ثم يخرج منها إلى الإسلام ويعرج منه للبوذية، وربما انتهى إلى مزيج إيماني من عدة ديانات مختلفة، وهو ما نراه بوضوح لدى المتصوفة في أوربا فالتصوف حالة إيمانية لا تتعلق بدين محدد، بل ربما يدخلها ملحدون كما أسلفنا، وهو ما نسميه بعصر new age (أو الإيمان دون انتماء ديني محدد)، لكن هذه ليست قاعدة ثابتة؛ إذ يمكن لهذا المشوار أو الطريق الإيمانية أن تتوقف ويستقر الفرد في مرجعية دينية معينة، وهو ما نراه في المنتمين للحركات الإسلامية الأصولية في أوربا، فهم بمجرد دخولهم في هذه المرجعية الدينية استقروا غالبا فيها ولم يدخلوا ـ كأبناء جيلهم ـ في new age، ولكن في أغلبية الوقت يمكن أن نفسر الإيمان في أوربا على أنه كمشوار أو كطريق، فالإيمان حالياً ليس معناه أن ينتمي الفرد لديانة معينة، وإنما يعني التنقل بين مرجع إلى آخر والحركة بدلا من الاستقرار.

— تتوقف زيادة التسامح على عدة عوامل، فإذا كان الفرد في موضع قبول للحركة والتنقلات والتغيير، فهو مبدئياً يضع نفسه في مبدأ النسبية بقبوله فكرة التغير، وفي هذه الحال ينفصل التدين عن العنف. ولكن إذا رفض مبدأ الحركة فإن التدين يميل إلى العنف؛ لأنه يركز فقط على فكرة الانتماء والرغبة الدائمة في التمييز بين الأنا والآخر. وغالباً فليس هناك قبول تام للحركة، وليس هناك أيضا رفض تام لها، ولكن الذي يحدث هو استعمال الدين لجعل فكرة الحركة والتنقل والتغيير أكثر ألفة، خذ مثلا ظهور العذراء في مدينة "لورد lourdes" الفرنسية، وهو ما ترتب عليه بدء فكرة الحج لهذه المدينة، فقد حدث هذا في عصر دخول الحداثة للمدينة عن طريق انفتاحها لفرنسا وللعالم، والقضية هنا ليست مدى صحة هذا الظهور من عدمه، بل تتعلق بأن هذا الظهور جاء في وقت انفتاح هذه المدينة، وأنه جاء ليسهل هذا الانفتاح، ولنا أن نلاحظ أن العذراء تكلمت مع سكان المدينة بالفرنسية كما يروون!

وهناك نماذج أخرى، مثل الحجاب في فرنسا فهو لم يكن مرتبطاً برفض الحداثة أو فكرة الحركة، لكن كان تعبئة معينة لتكوين هوية كانت فيما مضى مفككة إلى حد ما، ولا يمكن اعتبار أن المحجبات لا يؤمن — بالضرورة — بـ **مبادئ الجمهورية العلمانية الفرنسية**، فالحرية الفردية — التي

٢٠٨

أتاحت لهن ارتداء الحجاب على خلاف أهلهن ومجتمعهن — هي من مبادئ الجمهورية، وليست من مبادئ الإسلام كما تقدمه بلاد العالم الإسلامي نفسه (!!)، وعلى هذا فلنا أن نتساءل: هل العودة إلى الهويات والأممية تخالف حركة الفردنة؟.. لا أظن ذلك بل أنا أميل إلى أنها أولى مراحل الفردنة كما هو الحال بالنسبة للحجاب في فرنسا الذي كان إحدى وسائل الفردنة إذ عن طريق الحجاب والعودة إليه غالباً ما تكون البنت أكثر استقلالية عن أسرتها (!!).

*** بالصورة التي رسمتها لتأثيرات نهاية الروايات الكبرى على الدين وإعادة تشكيله والتمييز بينه وبين الإيمان، كيف ترسم شكل وخريطة الحركات والأفكار الدينية وما ستكون عليه الأديان مستقبلاً، هل سيحدث انسحاب لحركات وأفكار أديان وتقدم لأخرى؟ ومن منها المستفيد من هذا التعديل؛ فالبعض يتحدث مثلاً عن أن الإنجيلية ستكون ديانة المستقبل، وأنها ستقضي على الكاثوليكية معتمداً على إحصاءات تؤكد الانتشار السريع لها حتى في مناطق النفوذ الكاثوليكي التقليدية مثل أمريكا الجنوبية؟**

— لدي تحفظات على فرضية أن الإنجيلية ستكون ديانة القرن الحادي والعشرين، صحيح أنها تنتشر بكثافة كما أشرت، ولكن نلاحظ في الوقت نفسه أنها تتراجع في أماكن أخرى مثل كوريا، صحيح أن الكنيسة الكاثوليكية هي الخاسر الأكبر في المستقبل، لكن هناك طوائف دينية أخرى ستستفيد أكثر من الإنجيلية، وعلى رأسها البوذية ليس بشكلها التقليدي،

ولكن طبقا للشكل الأوربي، والمعيار في ذلك هو قدرة كل ديانة على مساعدة الإنسان في التكيف مع الحداثة والعولمة كمناخ جديد، فالبوذية تتناسب تماماً مع الطلب الشخصي المتزايد لديانة تضمن الراحة النفسية؛ فهي ديانة من غير ضغوط أو قيود أو تنازلات كثيرة، وقد أجريت دراسات مؤخراً اكتشفنا معها عدد معتنقي البوذية يزيد عن أربعة ملايين نسمة في فرنسا وحدها، وهو رقم كبير على ديانة وافدة حديثاً على بلد كفرنسا.

وبالنسبة للإنجيلية فمن أسباب انتشارها أنها ديانة تساهم في العبور إلى الحداثة، والاندماج في الاقتصاد المتعولم، ولنضرب مثالاً بالفلاحين في "جواتيمالا" وكيف ساعدتهم الكنائس الإنجيلية مادياً ومعنوياً، فمن ميزات الإنجيلية أنها تعتمد على "فقه" الرفاهية؛ بمعنى أن الثروة هي من دلائل تفضيلك عند الله، وهذه نظرية بروتستانتية قديمة، وهي تقدم لمن ينتمي إليها كل المساعدات المادية من حيث إمكانية الحصول على تعليم وفرص عمل وحياة أفضل، وهي تساهم في إدخال المؤمنين بها في الاقتصاد المتعولم.

خطاب جاك شيراك حول مبدأ العلمانية في فرنسا *

القاهرة – إسلام أون لاين. نت

نص الخطاب الذي ألقاه الرئيس جاك شيراك مساء يوم الأربعاء ١٧ /١٢ /٢٠٠٣ وبحضور ٤٠٠ شخصية فرنسية سياسية ودينية، من بينهم الأعضاء العشرون للجنة برنار ستاسي التي قدمت تقريرها النهائي حول مراقبة تطبيق العلمانية في فرنسا، وأعلن فيه تأييده لسرعة إصدار قانون يحظر كافة الرموز الدينية الظاهرة، وعلى الأخص الحجاب:

السيد رئيس الوزراء،
السيد رئيس الجمعية الوطنية والسيد رئيس مجلس الشيوخ،
السيدات والسادة الوزراء،
السيدات والسادة أعضاء البرلمان،
أيها السيدات والسادة،

يحدث النقاش الدائر حالياً حول مبدأ العلمانية صدى قوياً في أقصى أعماق ضمائرنا. وهو مبدأ يرتبط بتلاحمنا الوطني وبقابليتنا على العيش معا وبقدرتنا على الالتفاف مجتمعين حول جوهر الأمور. إن العلمانية هي مبدأ راسخ في تقاليدنا. وهي تشغل قلب هوية نظامنا الجمهوري. ولا يكمن الأمر اليوم في إعادة تأسيسها أو في تعديل حدودها. ولكن الأمر يتعلق بإحيائها مع الاحتفاظ بوفائنا للتوازنات التي استطعنا ابتكارها ولقيم الجمهورية.

منذ ما يزيد عن مائتي عام والجمهورية تبني وتجدد نفسها مرتكزة على الحرية التي يضمنها تفوق القانون على المصالح الشخصية والمساواة بين المرأة والرجل وتكافؤ الفرص والمساواة بين الحقوق والواجبات والتآخي بين الفرنسيين جميعهم، أيا كانت أوضاعهم الاجتماعية أو أصولهم. في جمهوريتنا، يحظى كل منا بالتقدير والاعتبار أيا كانت الفوارق التي تميزه لأن كلا منا ملتزم باحترام القانون العام المشترك. وهكذا تعرف فرنسا في جميع أنحاء العالم على أنها موطن حقوق الإنسان.

ولكن العالم يتغير والحدود تتلاشى والمبادلات تتكاثر. وفي الوقت نفسه فإن المطالب المتعلقة بالتمسك بالهوية أو بالانتماء إلى مجموعات تتأكد وتتأجج مهددة غالباً في الجنوح نحو التقوقع والانغلاق على الذات ونحو الأنانية وأحيانا عدم التسامح أيضا.

فكيف سيتسنى للمجتمع الفرنسي أن يرد على هذه التطورات؟

يمكننا الرد عليها باتخاذ خيار الحكمة وبتجميع ورص صفوف الفرنسيين بكافة أصولهم وكافة معتقداتهم. يمكننا الرد عليها أيضا، مثلما فعلنا في لحظات هامة من تاريخنا، جاعلين وفاءنا لقيمنا ولمبادئنا القوة الدافعة لنا للقيام بمجهود صحوة جديدة. صحوة الضمائر لكي نعيد اكتشاف باعتزاز أصالة ورفعة ثقافتنا ونموذجنا الفرنسي. صحوة في التحرك لكي ندرج في قلب ميثاقنا الجمهوري تكافؤ الفرص والمساواة في الحقوق واندماج الجميع ملتزمين باحترام الفوارق. صحوة جماعية، لكي نتمكن معا، معتمدين على هذا التنوع الذي هو مكمن ثروتنا، بأن نوجه إرادتنا والتزامنا ورغبتنا بالعيش معا نحو مستقبل مفعم بالثقة والعدل والتقدم.

وانطلاقاً من الوفاء لمبدأ العلمانية، الذي يُعَد حجر الزاوية للجمهورية والرابط القوي بين قيمنا المشتركة القائمة على الاحترام والتسامح والحوار، فإنني أوجه نداء لكل الفرنسيات والفرنسيين ليتحدوا ويتلاحموا. هناك قيم مشتركة توحد بين شعبنا وأمتنا وجمهوريتنا. وهذه القيم لم تفرض نفسها بسهولة ويسر. لقد كانت أحياناً سبباً للتفرقة والانقسام بين الفرنسيين قبل أن تساهم في تلاحمهم وفي أن تجمع ما بينهم. وغالباً ما تشكلت هذه القيم في ظل المحن المؤلمة التي مثلتها تلك الصراعات التي عبرت تاريخنا والتي تركت أثراً واضحاً في ذاكرتنا.

تُعَد هذه القيم أساساً للطابع الفريد لأمتنا. وهي ترتفع بصوتنا عاليا لتوصله إلى أبعد مدى في العالم. إنها القيم التي تتشكل منها فرنسا.

بين المرجعيات الذاتية واحترام القيم المشتركة

فرنسا، أرض الأفكار والمبادئ، وهي أرض مفتوحة ومضيافة وسخية. والشعب الفرنسي، المتحد حول إرث فريد من نوعه هو مصدر قوته وعزته، هو شعب غني بتنوعه. وهو تنوع مقبول ومعترف له بموقعه في قلب هويتنا الفرنسية. إنه تنوع المعتقدات، في هذه الأرض التي نبتت فيها المسيحية منذ القدم، والتي تأصلت فيها أيضاً جذور تقليد يهودي يرجع إلى ما يقرب من ألفي عام. أرض الكاثوليكية التي استطاعت أن تجتاز التمزق الذي أحدثته الحروب الدينية وأن تعترف في النهاية بمعتنقي المذهب البروتستانتي وتعطيهم مكانتهم كاملة عشية **الثورة الفرنسية**. أخيراً، أرض الانفتاح للفرنسيين السائرين على التقليد الإسلامي والذين يعدون جزءا لا يتجزأ من أمتنا. وبالطبع إنه تنوع هؤلاء، نساءً ورجالاً، في كل جيل من الأجيال، ممن جاءوا لينضموا إلى هذا المجتمع الوطني، والذين كانت فرنسا بالنسبة لهم في المقام الأول مثالاً قبل أن تصبح وطناً لهم.

توافد على فرنسا عدد ضخم من المهاجرين الإيطاليين مع بدايات أول ثورة صناعية جالبين معهم لبلدنا موهبتهم وطاقتهم. وجاء أيضاً الأسبان، الذين طردوا بفعل التشرذم الرهيب في الثلاثينيات، فأتوا ليجدوا ملاذاً في فرنسا. وجاء أيضاً في الستينيات برتغاليون مفعمون بالحماسة والشجاعة، وأيضا بولنديون وأرمن وآسيويون. توافدت أيضاً رعايا المغرب العربي وإفريقيا السوداء التي ساهمت بصورة كبيرة في النمو الذي شهدته بلادنا في فترة "**الثلاثين عاما المجيدة**" قبل أن تتأصل تلك الرعايا على

أرضنا. كل هؤلاء ساهموا في صقل ملامح بلدنا وفي أن يجعلوه أكثر قوة وأكثر رخاء وساهموا أيضاً في ازدياد إشعاعه في أوروبا وفي العالم.

إن راية بلدنا ولغتنا وتاريخنا: تحدثنا كلها عن هذه القيم المبنية على التسامح واحترام الآخر، تحدثنا عن تلك المعارك التي خضناها وعن هذا التنوع وهي كلها أمور ساهمت في رفعة فرنسا وعظمتها. فرنسا التي تناضل من أجل السلام والعدل وحقوق الإنسان، نحن نعتز ونفخر بها جميعاً. يتعين علينا الدفاع عنها. وبدلاً من أن نجعلها موضع مساءلة وتشكيك، يجب على كل واحد منا أن يقيس ويقدر ما قدمته فرنسا له، وأن يسأل نفسه عما يمكن أن يقدمه لها.

ولكي تظل فرنسا على ما هي عليه يجب علينا اليوم الرد على التساؤلات وأن ننزع فتيل التوترات التي تعبر بمجتمعنا. وكل منا يعرف عوامل التوترات هذه وماهيتها.

وعلى الرغم من كونها حاملة لفرص جديدة، فإن العولمة تؤرق وتفقد الأفراد توازنهم وتدفعهم أحياناً للتقوقع على أنفسهم.

في الوقت الذي خارت فيه الأيديولوجيات الكبيرة، باتت الظلامية ومعها التعصب يشهدان امتداداً في العالم. وما بين الأمة الفرنسية وذاك الكيان الأوروبي القائم على المواطنة التي نصبوا إليها، يجب على كل واحد منا أن يعيد تحديد مرجعياته.

وفي الوقت نفسه، فإن استمرار التفاوت وعدم المساواة بل وتفاقمها، أي تلك الهوة التي تزداد اتساعاً بين الأحياء ذات الوضعية الصعبة وبقية أنحاء البلد، بات يشكل تكذيباً لمبدأ تكافؤ الفرص ويهدد بشرذمة ميثاقنا الجمهوري.

هناك أمر مؤكد: إن الجواب على تلك التساؤلات المطروحة لا يكمن في صغائر الأمور كالانغلاق على الذات أو تقوقع المجموعات، لا بل على العكس إن الجواب يكمن في التأكيد على رغبتنا على العيش سوياً من خلال تدعيم الاندفاع المشترك ومن خلال وفائنا إلى تاريخنا وقيمنا.

وفي مواجهة قلق وريبة ينتابان الزمن والعالم، وأمام مشاعر العجز وأحياناً وطأة الاضطراب، يسعى كل واحد منا إلى التمسك بمرجعيات ذاتية وآنية أكثر فأكثر: كالأسرة وأعمال التضامن بين أهل الجوار والالتزام في نشاط الجمعيات. إن هذا التطلع هو أمر طبيعي، لا بل إنه من الإيجابيات ويبين قدرة الفرنسيين والفرنسيات على حشد طاقاتهم وعلى التحرك وإطلاق العنان لحيويتهم ومبادراتهم.

إلا أن هذا التحرك يجب أن يقف عند حدود احترام **القيم المشتركة**. فالخطر يكمن في تفجر طاقات تنبذ وتفرق، وفي تمجيد مميزات خاصة تبعد ولا تقرب. كما أن الخطر يتمثل بإعطاء الأولوية لقواعد محددة، خاصة لتطغي على **القانون العام المشترك**. إن الخطر يتأتى من التفرقة والتمييز والمواجهة. لننظر لما هو حاصل بعيداً في أنحاء أخرى، فالمجتمعات المشكلة من مجموعات متقوقعة غالباً ما تكون عرضة لتفاوت وعدم مساواة

لا يمكن القبول بهما. فتقوقع المجموعات لا يمكن أن يشكل خياراً بالنسبة لفرنسا، بل على العكس، فهو يمثل نقيضاً لتاريخنا وتقاليدنا وثقافتنا، ومن شأنه أن يكون النقيض لمبادئنا ولإيماننا بمفهوم تسلق السلم الاجتماعي بالاعتماد على المهارة والجدارة وحدهما فقط، ومغاير لتمسكنا بقيم المساواة والتآخي بين جميع الفرنسيين.

لذا فإنني أرفض أن تتجه فرنسا لاتخاذ هذا المنحى، فقد تفقد فيه ميراثها وقد تعرض مستقبلها للخطر، لا بل إنها ستفقد معه روحها وخلاصها. ولهذه الأسباب أيضاً، يقع علينا واجب التحرك بنشاط جامح، فلن نجد لا في الجمود ولا في الحنين إلى الماضي طريقاً مصيرياً جديداً مشتركاً فيما بيننا، بل سنجد ذلك في الحكمة الواعية والخيال الواسع والوفاء إلى الذات وما هي عليه.

عرفت فرنسا خلال العام الحالي، فيما يخص كافة بجالات التوتر والأزمات، كيف توصل كلمتها التي هي رسالة سلام وتسامح داعية الشعوب التي تعرف التمزق والتشرذم إلى احترام الآخر. وفي داخل حدودنا، وفي صميم مجتمعنا، دعونا نعيش سوياً حاملين في أنفسنا هذا الأمر الملزم نفسه، ونفس هذا الطموح القائم على الاحترام والعدل.

إن تكافؤ الفرص أمام الجميع كان دائماً وأبداً في صلب المعركة التي تقودها الجمهورية، والخطوط الأمامية لهذه المعركة باتت تمر عبر الأحياء، فكيف لنا أن نطلب من ساكنيها أن يشعروا بالانتماء إلى الأمة وإلى قيمها عندما يعيشون في أحياء مدقعة معزولة، في محيط يبدو فيه العمران المدني

معدوماً من كل أشكال الإنسانية، وفي بقعة يراد للقانون فيها أن يظل محجوباً متوارياً وأن تكون الغلبة والسيطرة لمن يدعي أنه الأقوى؟

فمن خلال تدعيم الأمن وعبر تطبيق برنامج التجديد العمراني للمدن الهادف إلى إزالة "**الحواجز**"، إضافة إلى إنشاء المناطق الحرة المرجو منها إعادة توفير فرص العمل وإعادة النشاط إلى المدن، نكون قد قضينا على حتمية المصير واستعدنا بريق الأمل. إن هذا الأمر بالنسبة للحكومة كما بالنسبة لي شخصياً يشكل رهاناً وإحدى المستلزمات الرئيسية.

الاندماج الاجتماعي يحقق تكافؤ الفرص

إن أمر إحياء تكافؤ الفرص أمام الجميع ينطوي على فكرة إعادة تعزيز الاندماج الاجتماعي بما يمثله من تقليد قائم لدينا بقوة، معتمدين بذلك على ما تم تحقيقه من نجاح بات من المكتسبات ولكن أيضاً من خلال رفضنا لما هو غير مقبول. هناك كثير من الشباب المنحدرين من الهجرة، ممن باتت اللغة الفرنسية لغتهم الأم، وغالباً ما تكون جنسيتهم فرنسية، قد نجحوا في حياتهم ويشعرون بالارتياح في مجتمع هو بمجتمعهم. يتعين تقدير هؤلاء والاعتراف بما يمثلونه، سواء من حيث قدراتهم أم مسارهم أم جدارتهم. إنهم راغبون في التعبير عن نجاحهم وعن توقهم إلى العمل والتحرك وعن اندماجهم وانتمائهم الكامل إلى المجتمع الوطني.

إن هذه الأشكال من النجاح ينبغي أيضاً أن نقوم بالإعداد لها مع الأجانب الذين ينضمون إلينا بصورة قانونية، طالبين منهم الانتماء إلى قيمنا

وتشريعاتنا. فهذا هو الهدف المرجو من العقد الذي أرسته الحكومة بطلب مني والمعروف بمسمى عقد: **"الترحيب والاندماج"**، والذي يقترح عليهم فرداً فرداً الانضمام إليه. فهو يوفر لهم فرصة متابعة دروس إتقان اللغة الفرنسية ويؤهلهم للانضمام إلى المواطنة الفرنسية الحقة، كما يحظون بمتابعة على الصعيد الاجتماعي، وذلك مقابل التزام منهم باحترام دقيق لقوانين الجمهورية.

ولكي يصبح بالإمكان تحقيق هذه الأشكال من النجاح يتعين هدم جدار الصمت وعدم المبالاة الذي يحاصر اليوم واقع التمييز والتفرقة على أنواعها. إنني مدرك لما يشعر به هؤلاء الشبان الفرنسيين، المنحدرين من الهجرة، من عدم تفهم لهم وقلق وحتى من رغبة في التمرد أحياناً، عندما يرمى بطلبات التوظيف التي يتقدمون بها في سلة المهملات، لا لشيء إلا لما توحي به أسماؤهم، ولطالما واجهتهم أشكال التمييز والتفرقة في سعيهم للحصول على مسكن أو حتى وبكل بساطة لدخول مكان ما من أماكن اللهو والتسلية.

يجب أن نعي هذا الأمر ونتداركه من خلال ردة فعل قوية ونشطة. فهذا ما ستكون عليه المهمة التي ستضطلع بها الهيئة المستقلة المكلفة بمحاربة كافة أشكال التمييز والتفرقة والتي سوف تتأسس اعتباراً من مطلع العام القادم. إن جميع أطفال فرنسا، أيا كان تاريخهم وأيا كانت أصولهم أو معتقداتهم هم أبناء وبنات الجمهورية الفرنسية، وينبغي التسليم والإقرار بذلك، إن من حيث التشريعات أو بالأخص من حيث الواقع، فمن خلال

السهر والحرص على هذه المستلزمات وإعادة صهر سياستنا المتعلقة بالاندماج الاجتماعي وقدرتنا على إعادة إحياء تكافؤ الفرص سوف نعيد لتلاحمنا الاجتماعي كامل حيويته. وسوف نحقق ذلك أيضاً من خلال إعادة إحياء مبدأ العلمانية الذي يشكل ركيزة أساسية من ركائز دستورنا الفرنسي. إنه مبدأ معبر عن إرادتنا في العيش معا ملتزمين باحترام التحاور والتسامح.

لا قيود للتعبير عن حرية المعتقد

إن العلمانية هي ضمان لحرية الفكر والضمير، إنها حامية لحرية المعتقد، بوجوده أو بعدمه. إنها تؤمن لكل فرد إمكانية ممارسة شعائره والتعبير عن إيمانه، بكل طمأنينة وحرية دون أن يجد نفسه تحت وطأة التهديد بأن تفرض عليه قناعات أو معتقدات أخرى. إنها تسمح لأشخاص، نساءً كانوا أم رجالاً، قادمين من آفاق مختلفة ومنتمين إلى ثقافات متنوعة، بأن يشعروا بأن الجمهورية ومؤسساتها تصون معتقداتهم وتحميها. فالعلمانية بانفتاحها السخي تمثل مكمن متميز للتلاقي والتبادل يتواجد فيه كل فرد لتقديم أفضل ما لديه للمجتمع الوطني. إن الحيادية في المجال العام هي التي تسمح بتعايش بانسجام متناسق بين كافة الديانات على أنواعها.

وشأنها شأن كافة الحريات الأخرى، لا قيود للتعبير عن حرية المعتقد، إلا بحدود عدم المساس بحرية الآخرين وباحترام قواعد الحياة في المجتمع. إن الحرية الدينية التي هي موضع احترام وحماية في بلدنا لا يجوز الانحراف بها، فمن غير الممكن لها أن تنال من القانون العام أو أن تطال من حرية معتقد الآخرين. فهذا التوازن الدقيق والقيم والحساس الذي بُني بصبر

منذ عقود عدة، هو الذي يؤمن احترام مبدأ العلمانية. وهذا المبدأ هو حظوة لفرنسا؛ لذا قد تم إدراجه في المادة الأولى لنصوص الدستور، وهذا ما يجعله غير قابل للمساومة.

بعد أن كانت سبباً في تشرذم فرنسا عند اعتماد التشريع الفرنسي الهام القاضي بفصل الدين أو الكنائس عن الدولة عام ١٩٠٥، جاءت علمانية مهادنة مكنت جميع الفرنسيين من التلاحم. وبعد أن تم اختبارها طيلة قرن من الزمن، أثبتت الحكمة منها وقد أجمعت عليها كافة المذاهب الدينية والتيارات الفكرية، منضمة إليها.

بيد أنه بالرغم من كونها من أقوى مكتسبات الجمهورية الفرنسية، وفق ما أظهرته بالأخص أعمال اللجنة (ذات الصلة) التي ترأسها السيدة برنار ستازي، والتي أود هاهنا أن أوجه لها محدداً تحية خاصة جداً، بات تطبيق مبدأ العلمانية في مجتمعنا اليوم موضع جدل محتدم. لا شك بأنه مبدأ قل ما يتم الاعتراض عليه، وكثيرون هم الذين يجاهرون بالانتماء إليه. إلا أن كيفية تطبيقه تصطدم في عالم التوظيف والعمل كما في المؤسسات العمومية، وبالأخص في المدرسة أو المستشفى، بصعوبة جديدة متنامية.

قوانين الجمهورية ليست موضع اعتراض

لا يمكننا أن نسمح بأن تصبح قوانين الجمهورية موضع اعتراض وجدل تحت ستار الحرية الدينية. فالعلمانية هي إحدى أعظم إنجازات الجمهورية، وتمثل عنصراً رئيسياً هو الأهم بالنسبة للسلام في المجتمع والتلاحم

الوطني. لا يمكننا أن ندعها تعرف الوهن، وعلينا العمل من أجل تدعيمها. ولهذه الغاية، علينا أن نوفر بالفعل الاحترام نفسه والتقدير نفسه لكافة الأسر الروحية الكبرى. وفي هذا الصدد، إن الإسلام الذي هو الدين الأكثر حداثة على أرضنا، له مكانته الكاملة بين كافة الديانات الكبرى التي اتخذت موطئ قدم لها على ترابنا. إن إنشاء المجلس الفرنسي للديانة الإسلامية بات من شأنه أن يسمح بتنظيم العلاقة بين الدولة والإسلام في فرنسا. يتعين أن يتاح للمسلمين إمكانية رصد دور عبادة لهم من شأنها أن تسمح لهم بممارسة شعائرهم الدينية في وقار وطمأنينة. وبالرغم مما تحقق من تقدم حديث في هذا الميدان، يجب الإقرار بأنه لا يزال هناك الكثير الذي ينبغي فعله وإنجازه. وسيكون قد تم تحقيق خطوة جديدة عند الانتهاء من تأهيل جمع من الأئمة الفرنسيين بحيث تكون قد أتيحت الفرصة لتثبيت إسلام ذات ثقافة فرنسية، له شخصيته.

فالاحترام والتسامح وروح التحاور سوف تترسخ أيضاً عبر تفهم الآخر والتعرف به، وهي الأمور التي يتعين على كل واحد منا أن يوليها أكبر درجة من الأهمية؛ لذا يبدو لي أن التوسع في تعليم الدين في المدارس بات اليوم أمرا جوهريا ورئيسياً.

كما ينبغي أيضاً شن حرب عشواء، لا هوادة فيها، حازمة ومتشددة، ضد الكراهية للأجانب والعنصرية وبالأخص اللاسامية. دعونا لا نتهاون مع الشتيمة والإهانة المراد تهميشهما. دعونا لا نقلل من أهمية تلك

المؤشرات أو التصرفات أو الكلمات أيا كانت. دعونا لا نسمح بمرور أي منها، فإن هذه المسألة هي مسألة عزة وكرامة.

مؤسسات الدولة.. علمانية ومحايدة

علينا أن نؤكد بقوة على حيادية وعلمانية مؤسسات الدولة، فهي شأن يخص كل عامل في القطاع العام يعمل في خدمة الجميع وفي سبيل مصلحة الجميع، والذي يفرض عليه الامتناع عن المجاهرة بمعتقداته الذاتية أو آرائه. إنها قاعدة عامة من قواعد شرعنا؛ لأنه لا يجوز تمكين أي فرنسي من التشكيك بأن ممثل السلطة العامة يعطيه الأفضلية بالنسبة لغيره أو على العكس يحرمه من حظوته بالاستناد لمعتقدات أو قناعات شخصية. وعلى النحو ذاته، لا يجوز لمواطن ما انطلاقاً من معتقداته أن يتنكر لموظف عام.

يجب التأكيد مجددا على العلمانية في المدارس؛ لأن المدرسة يجب أن تصان بشكل مطلق. فالمدرسة هي المكان الأول الذي نتشاطره، والذي يتم فيه اكتساب القيم وتلقينها، وهي تمثل الجهاز الأساسي الذي يتم فيه ترسيخ الفكر الجمهوري. إنه المكان الذي ننشئ فيه مواطني الغد فندربهم على النقد والتحاور والحرية، والمكان الذي تسلم لهم فيه كافة المفاتيح المؤدية للانفتاح والنضوج كما للتحكم في مصيرهم. إنه المكان حيث يجد كل فرد منهم السبيل ليرتسم أمامه أفق أوسع. إن المدرسة هي صرح جمهوري يتوجب علينا المدافعة عنه سعيا لصون المساواة في اكتساب القيم والمعرفة، والمساواة بين الفتيات والفتيان، والاختلاط في كافة مجالات التعليم ولا سيما في مجال

الرياضة، وذلك سعياً منا لحماية أطفالنا. وأيضاً، كي لا نعرض شبابنا لإغواءات سيئة من شأنها أن تفرق وتقسم وتثير الأفراد الواحد ضد الآخر.

ليس من الوارد بالطبع أن نجعل من المدرسة نموذجاً واحداً متشابها، نكرة ولا تنوع فيه، مكان يحظر فيه الدين أو الانتماء الديني. إن الأمر يكمن في إتاحة الفرصة أمام المدرسين والمشرفين على المؤسسات المدرسية، الذين يجدون أنفسهم اليوم في الخطوط الأمامية يواجهون صعوبات حقيقية، كي يمارسوا مهامهم بطمأنينة من خلال تثبيت قاعدة واضحة.

حتى تاريخ حديث، وبموجب تقاليد منطقية كانت تحترم تلقائيا، لم يكن أحد يشكك بأن التلاميذ، الذين بالطبع لهم الحرية بأن يعيشوا إيمانهم، عليهم الامتناع عن المجيء إلى المدرسة أو الثانوية برداء ديني. إن الأمر لا يتعلق باستنباط قواعد جديدة أو بإعادة رسم حدود العلمانية، بل بتبيان بكل احترام، ولكن بشكل واضح وحازم، قاعدة هي في صميم تقاليدنا وعاداتنا وممارساتنا منذ أمد بعيد.

حظر العلامات التي تشير للانتماء الديني

لقد عاينت ودرست التقرير الصادر عن اللجنة برئاسة ستازي، وتفحصت الحجج التي تقدمت بها بعثة الجمعية الوطنية والأحزاب السياسية والسلطات الدينية وكبار ممثلي التيارات الفكرية الهامة.

لذا وبضمير واع، أعتبر بأن ارتداء لباس أو أي علامات أخرى تشير جهاراً إلى الانتماء الديني يجب أن يتم حظرها في المدارس والمعاهد التكميلية

والثانويات. هناك علامات مستورة، غير ظاهرة سوف يبقى بالطبع مسموح بها، كالصليب على سبيل المثال، أو **نجمة داود، أو يد فاطمة**. ولكن العلامات الجلية الفاضحة، أي تلك التي يكون ارتداؤها من شأنه أن يؤدي إلى تميز الفرد باختلافه عن الآخرين والتعرف عليه على الفور من خلال انتمائه الديني، لا يجوز السماح بها.

إن كل تلك العلامات، أي الحجاب الإسلامي، أو أياً كان المسمى الذي يطلق عليه، أو القبعة اليهودية أو الصليب ذا الحجم المبالغ به جهاراً، لن يكون لها مكان داخل أسوار المدارس الحكومية العامة. فالمدرسة الحكومية ستبقى علمانية.

ولهذا الغرض، بات من الضروري وضع تشريع في هذا الشأن، تشريع أود أن يقره البرلمان وأن يوضع موضع تطبيق كامل اعتباراً من مطلع السنة المدرسية المقبلة. ومنذ الآن، أطلب من الحكومة الاستمرار في حوارها مع السلطات الدينية وانتهاج أسلوب الشرح والتفسير والوساطة واتباع الأصول التربوية.

إن الهدف الذي نصبو إليه يكمن في جعل القلوب والأذهان تنفتح على بعضها البعض، كما ويكمن في جعل الشبيبة المعنية تتفهم الرهانات التي يمليها الوضع وحماية هذه الشبيبة من التأثيرات والاندفاعات الحماسية التي هي أبعد من أن تحرر هؤلاء أو أن تتيح لهم فرصة تثبيت خيارهم الحر، بل إنها تشكل إكراهاً ملزماً وتهديداً لهم. وفيما يخص تطبيق هذا التشريع، سوف يتعين السعي مباشرة للتحاور والتشاور قبل اتخاذ أي قرار.

لا زيادة في أيام الإجازات المدرسية

وعلى العكس، والمسألة باتت مطروحة، لا أعتقد بأنه ينبغي زيادة عدد أيام العطل على البرنامج الزمني المدرسي، الذي يعد أيام عطل كثيرة، فضلاً عما قد يسببه ذلك من صعوبة شاقة للأهل الذين يعملون ولن يكونوا في إجازة. وعليه، وتبعاً للتقليد المعمول به والذي بات معمماً، لا أرغب في أن يتغيب أي تلميذ عن مدرسته متعذراً في غياب يبرره عيد ديني كبير كـ **عيد الكبيور أو عيد الأضحى**، إلا بشرط إعلام مؤسسته التعليمية المسبق. ومن البديهي القول إنه لا يجوز الإعداد لامتحانات هامة أو مسابقات مدرسية في تلك الأيام المشار إليها، وسوف تعطى تعليمات في هذا الاتجاه للعمداء القيمين على المدارس في **وزارة التربية الوطنية.**

ويتوجب التذكير أيضا بقواعد العيش المشترك المبدئية. وهنا يذهب بي التفكير إلى ما يحدث في المستشفى حيث لا يمكن لأي شيء أن يبرر رفض مريض ما، من حيث المبدأ، الخضوع للمعالجة من قبل طبيب من الجنس الآخر. سينبغي سن تشريع يكرس هذه القاعدة بتعميمها على كافة المرضى الذين يجيئون إلى المستشفيات العامة الحكومية.

وعلى النحو ذاته، سيتوجب على وزير العمل مباشرة مشاورات ضرورية، وإن اقتضت الحاجة، طرح نص قانوني على البرلمان من شأنه أن يصرح لأصحاب الشركات بوضع نظم خاصة بمسائل ارتداء علامات دينية، وذلك عملاً باعتبارات ملزمة لها صلة بالنواحي الأمنية ــ وهذا أمر بديهي ــ أو لها صلة بالعلاقات مع الزبائن.

وبصورة عامة، أعتقد أنه من المستحب وضع قوانين للعلمانية تجمع بين كافة المبادئ والقواعد المتعلقة بالعلمانية. وسوف توضع هذه النظم بين أيدي الموظفين الحكوميين والعاملين في القطاع العام في اليوم الذي يباشرون فيه ممارسة مهامهم أو يدخلون فيه الخدمة العامة.

الالتزام دون تردد بحقوق المرأة

ومن ناحية أخرى، سيقوم رئيس الوزراء بإنشاء **مرصد للعلمانية**، من جانبه، يكون مكلفاً بإشعار الفرنسيين والسلطات العامة بالمخاطر الناتجة عن أية انحرافات أو انتهاك لهذا المبدأ الجوهري.

وأخيراً، إن معركتنا في سبيل **قيم الجمهورية** يجب أن تقودنا إلى الالتزام دون تردد إلى جانب حقوق المرأة ومساواتها الفعلية مع الرجل. إن هذه المعركة هي من النوع الذي سوف ترتسم من جرائها ملامح فرنسا الغد. فمستوى تمدن مجتمع ما يقاس، أولاً وقبل كل شيء، نسبة للمكانة التي تحتلها المرأة فيه. يتعين الإبقاء على اليقظة والحزم في مواجهة مخاطر تهدد بالتراجع إلى الوراء، وهي مخاطر قائمة.

لا يمكننا القبول بأن يسعى البعض، متسترين وراء مفهوم مغرض لمبدأ العلمانية، للنيل من مكتسبات الجمهورية، تلك التي تتمثل بالمساواة بين الجنسين وبكرامة المرأة. إنني أعلن رسمياً: بأن الجمهورية ستعترض كل ما من شأنه أن يفرق أو أن ينتقص أو أن يقصي وينبذ. فالقاعدة المتبعة هي

الاختلاط لأنها قاعدة جامعة موحدة، تضع البشر على قدم المساواة، ولأنها قاعدة تأبى التمييز وفقا للجنس أو الأصل أو اللون أو الدين.

فعلى صعيد حقوق المرأة، لا يزال أمام مجتمعنا الكثير من التقدم الذي ينبغي تحقيقه. فالتكافؤ بين المرأة والرجل بات يعرف حدوداً جديدة قوامها المساواة المهنية بين النساء والرجال. يتعين على كل فرد منا أن يعي هذا الأمر وأن يعمل بهذا الاتجاه. وأنوي أنا شخصيا الالتزام بذلك خلال الأسابيع القادمة.

أيها السيدات والسادة،

إن النقاشات الجارية حول العلمانية والاندماج وتكافؤ الفرص أمام الجميع، وحقوق المرأة، تطرح علينا السؤال عينه: أية فرنسا نريد لأنفسنا ولأبنائنا؟ لقد ورثنا بلداً غنياً بتاريخه وبلغته وبثقافته وأمة قوية بقيمها ومثالياتها.

فكل واحد منا عليه أن يفخر ببلدنا فرنسا. وكل واحد منا يجب أن يشعر بأنه مؤتمن على ما أورثنا إياه هذا البلد، وعلى كل واحد منا أن يشعر أنه مسئول عن مستقبل فرنسا.

دعونا نتقن تحويل التساؤلات التي تطرح نفسها علينا اليوم إلى مؤهلات إيجابية للغد، وذلك من خلال السعي بإصرار ودون تردد إلى اللحمة بين الفرنسيين، ومن خلال تثبيت تمسكنا بعلمانية سخية منفتحة، على النحو ذاته الذي عرفنا فيه كيف ننشئها عاما بعد عام. ومن خلال

إحياء تكافؤ الفرص وروح المسامحة والتضامن على أفضل وجه، ومن خلال شن معركة حاسمة في صالح حقوق المرأة، ومن خلال الالتفاف حول مبادئ نشبت عليها فرنسا ولا تزال قائمة. وعليه، وعلى هذا النحو، سوف نبقى أمة مطمئنة آمنة وقوية بتلاحمها، وعلى هذا النحو سوف نتمكن من إعادة التأكيد على الطموح الذي يجمع بيننا والمتمثل ببناء مستقبل قوامه التقدم والعدل لبلدنا ولأبنائنا. إنه أحد أكبر التحديات التي تواجهها أجيالنا، وهذا التحدي بمقدورنا أن نكسبه سوياً ويتوجب علينا ذلك.

جميعا مع بعضنا البعض.

أشكركم.

قصر الإليزيه

١٧ ديسمبر/ كانون الأول ٢٠٠٣

* المصدر/ القسم الصحفي للسفارة الفرنسية بالقاهرة

الفرنكوفونية تُنتج الإرهاب؟(²⁴)

أبريل ٠٢، ٢٠١٦
بقلم: حسن عبّاس

"أربعة من الدول الخمس التي تشهد أعلى معدلات تطرف في العالم هي دول فرنكوفونية".

هذه خلاصة توصّل إليها الباحثان ويليام ماكانتس وكريستوفر ميزيرول واستنتجا منها أن "**الثقافة السياسية الفرنسية**" تُنتج تطرّفاً إسلامياً أكثر من غيرها من الثقافات.

(²⁴) موقع إرفع صوتك – الرابط:
https://www.irfaasawtak.com/a/%D9%87%D9%84-
%D8%B5%D8%AD%D9%8A%D8%AD-%D8%A3%D9%86-
%D8%A7%D9%84%D9%81%D8%B1%D9%86%D9%83%D9%8
8%D9%81%D9%88%D9%86%D9%8A%D8%A9-
%D8%AA%D9%8F%D9%86%D8%AA%D8%AC-
%D8%A7%D9%84%D8%A5%D8%B1%D9%87%D8%A7%D8%
A8/328967.html

الفرضية صادمة نوعاً ما. وتوصّل إليها الباحثان أثناء بحثهما عن تفسيرات تساعد على توقّع معدّلات التطرّف في بلد معيّن. واستندا في بحثهما على مؤشرين: عدد الجهاديين الذي صدّرهم كل بلد وعدد الهجمات الإرهابية التي وقعت فيه.

وكانت الخلاصة التي عرضاها، في مقالة بعنوان: "**الرابط الفرنسي: تفسير التطرّف السنّي حول العالم**"، ونشراها في مجلة "فورين أفيرز"، هي إيجاد علاقة بين معدّلات التطرّف وبين ما إذا كانت الدولة فرنكوفونية. فأربع من الدول الخمس التي تشهد أعلى معدلات تطرّف هي فرنكوفونية ومنها: بلجيكا وفرنسا وتونس ودولة رابعة لم يسمّياها.

إنها مسألة ثقافة

ولكن المسألة ليست مسألة لغة بالطبع، بل هي مسألة ثقافة سياسية. فـ "**النهج الفرنسي للعلمانية هو أكثر عدوانية من النهج البريطاني**"، بحسب الباحثين. وعلى سبيل المثال، كانت فرنسا وبلجيكا الدولتين الأوروبيتين الوحيدتين اللتين حظرتا النقاب في المدارس الرسمية.

واستبعد الأستاذ في قسم علم الاجتماع في **جامعة تونس** المنصف ونّاس فرضية "**الرابط الفرنسي**". وقال لموقع (إرفع صوتك) إن "**ظاهرة التكفير وبالذات إقبال الشباب على التنظيمات المتشدّدة غير مرتبطة بالعلمانية الفرنسية لأن هذه الثقافة هي في أساسها أفكار تدفع الناس إلى تفكير عقلاني هادئ**".

وانتقد الفرضية بإشارته إلى أن "ظاهرة التشدّد والتكفير موجودة في مجتمعات كثيرة. وأكثر بلدان العالم إنتاجاً للتشدّد والتكفير هي السعودية".

ويفضّل ونّاس تفسير الظاهرة الجهادية بردّها إلى أن "التشدّد غير مرتبط بالقيم الدينية فقط، بل أيضاً بموقع الفرد في المجتمع. فإذا شعر بأنه مقصي ومهمّش وغير معترف به يكون فريسة سهلة للتشدّد".

ولإبعاد السجال عن ثنائية إسلام/ علمانية، ذكّر ونّاس بالشباب الذين كانوا يلتحقون في النصف الأول من القرن الماضي بالشيوعية والنازية والفاشية، معتبراً أن المسألة هي "انجذاب إلى يوتوبيا وإلى برنامج يعد بالكثير حتى ولو كان غير قابل للتحقق. والجنّة عند الإسلاميين تلعب دور المجتمع المثالي الذي وعدت به الإيديولوجيات المذكورة".

عداء ثقافي لأوروبا

في المقابل، أبدى الخبير التونسي في شؤون الحركات الإسلامية صلاح الدين الجورشي ملاحظة مفادها أنه "في صراعات الإسلاميين مع أميركا للخلاف السياسي الأولوية، ولكن صراعاتهم مع الأوروبيين وخاصةً الفرنسيين تأخذ طابعاً ثقافياً إلى جانب السياسي".

وقال لموقع (إرفع صوتك) إن "هنالك اعتقاداً سائداً في بعض الأوساط الإسلامية بأن العلمانية الفرنسية هي أخطر أنواع العلمانيات

باعتبار أنها لا تقوم فقط على الفصل بين الدين والدولة بل تعطي للدولة بعداً إيديولوجياً يضعها في صدام مع الدين".

وعن العلمانية التونسية، وبالأخص الإجراءات التي اتُّخذت في عهد أول رئيس تونسي بعد الاستقلال، الحبيب بورقيبة، ولا تزال قائمة، قال الجورشي إن "بورقيبة استخدم في لحظة من اللحظات في خطابه السياسي أسلوب الصدمات، وكان يتحدث إلى المواطنين ويتخذ إجراءات من منطلق أنه أعلم منهم بمصالحهم وأفهم منهم بالإسلام".

وقد أحدث خطاب بورقيبة مع مجموعة إجراءات اتخذها، وأبرزها منع تعدّد الزوجات، صدمة للوعي الديني الشعبي، واعتبر البعض أنها تتعارض مع الإسلام.

ولفت الجورشي إلى أنه "ليس من السهل أن يأتي رئيس مسلم ويقول إن رمضان ليس لصالح التنمية ويطلب من الناس الإفطار لتحقيق التنمية".

مع الوقت، تصالحت بعض التيارات الإسلامية مع إرث بورقيبة لا بل أنها اكتشفت أن بعض قراراته الإشكالية تجد لها أصلاً، بشكل أو بآخر، في إرث التيارات الإسلامية الإصلاحية التي نشطت في النصف الثاني من القرن التاسع عشر.

ولكن أوساطاً إسلامية، وبالأخص تلك السلفية، كانت ولا زالت تعتبر أن إرث بورقيبة كفر.

وشرح الجورشي أنه "من الأوساط السلفية المعادية لإصلاحات بورقيبة والتي تعتبر أنها لا تعيش في مجتمع إسلامي اتخذ البعض خيار مواصلة الدعوة للتغيير من داخل تونس في حين أن بعضاً آخر التحق بحركات سلفية جهادية أصبحت تعتقد أنه لا بد من تغيير النظام بالعنف. كما أن قسماً ثالثاً قرّر مغادرة تونس والمشاركة في الجهاد العالمي واكتساب خبرات ثم العودة إلى تونس لتغيير نظامها بالقوة".

قد تكون النتائج خاطئة

لا يفسّر ماكانتس وميزيرول ظاهرة التطرّف تفسيراً ثقافياً محضاً. أكّدا أن هنالك علاقة قوية بين ارتفاع معدل البطالة بين الشباب وارتفاع معدل التحضر وبين زيادة التطرف.

وقالا "نعتقد أنه عندما تكون هنالك أعداد كبيرة من الشباب العاطلين عن العمل، لا بُدّ أن يميل بعضهم إلى التطرف. وعندما يعيشون في مدن كبيرة، يكون لديهم المزيد من الفرص للتواصل مع الناس وتبنّي القضايا الراديكالية".

وبعد هذا يأتي الربط بالفرنكوفونية. فهذان العاملان عندما يتضافران في مدن تقع في بلدان فرنكوفونية تتبنى النهج الفرنسي الحاد للعلمانية، "فإنَّ الراديكالية السنّية تكون أكثر جاذبية".

في كل الحالات، هذه فرضية و"قد تكون هذه النتائج خاطئة تماماً، ولكنها على الأقل تستند إلى أفضل البيانات المتاحة"، بحسب الباحثين.

الإسلام في فضاء علماني(٢٥)

د. جواد بشارة / باريس

٢٠٠٢/ ٨ / ١٦

ندوة نظمها **معهد الدراسات العليا للأمن الداخلي** التابع لـ **وزارة الداخلية** الفرنسي — **قسم النشاطات الدولية** في مقر اليونيسكو بباريس.

ما زالت بعض الدول الأوروبية تعتبر الإسلام ظاهرة غريبة على مجتمعاتها، بل وربما خطرة. وعلى أية حال اعتباره عامل زعزعة للاستقرار المدني بدافع من الهاجس الأمني شبه المرضي الذي يحكم عقليات وذهنية القادة الأوروبيين.

ولكن السنوات القادمة قد ترغم الدول الأوروبية على إعادة النظر في التعامل مع الظاهرة الإسلامية فوق أراضيها ومراجعة أسلوب إدارتها

---

(٢٥) موقع مركز الدراسات والابحاث العلمانية في العالم العربي — الرابط:
http://www.ssrcaw.org/ar/art/show.art.asp?aid=2561

للإسلام والمسلمين لديها، وإحداث المسافة المطلوبة بينها وبين البلدان التي صدّرت إليها الإسلام. وإذا أرادت أن تنجح في رهان التعددية الثقافية والدينية الصعب في مجتمعاتها لأنها محكومة بذلك فسوف يتعيّن عليها أن تخرج بسرعة من منطق الهاجس الأمني — المرضي والاستعداد للحوار البناء وتشجيعه وممارسة التفاوض وتبادل الثقة بين الحكومات الأوروبية ومواطنيها المسلمين.

من هذا المنطلق، حاول وزير الداخلية الفرنسية السابق جون بيير شيفنموه كما ذكرنا أعلاه تقديم مبادرة جديدة سميت بـ **"مبادرة التشاور"** في يناير/كانون الثاني سنة ٢٠٠٠ بجمع عدد من ممثلي الطائفة الإسلامية في فرنسا والاستماع لهم ولآرائهم بغية مساعدتهم في تنظيم تمثيلهم الرسمي لدى السلطات العامة مع الأخذ بالاعتبار القوى المتناقضة والمتنافسة الموجود داخل الجماعات المسلمة الموجودة في أوروبا.

وفي هذا السياق نظّمت **وزارة الداخلية الفرنسية** تحت رعاية وزير الداخلية وشؤون العبادات السابق جون بيير شيفنموه، ندوة هامة يومي ٢٢ و٢٣ حزيران/ يونيو الماضي ٢٠٠٠ تحت عنوان: **"الإسلام في فضاء علماني"**، وتحت شعار: **"الاستشارة"** لمختلف الاتجاهات والطوائف الإسلامية بشأن تنظيم ممارسة العقيدة الإسلامية في فرنسا.

تطرق المشاركون إلى موضوعات حساسة ومتنوعة تتعلق بالمبادىء والأسس القانونية التي تنظم العلاقات بين السلطات العامة الفرنسية والعقيدة الإسلامية في فرنسا. وقد أعرب الوزير الفرنسي عن رأيه في هذه الندوة قائلاً:

"**حان الوقت لجلب الإسلام إلى مائدة الجمهورية**"، وألحّ على ضرورة اتفاق المسلمين فيما بينهم بمختلف مشاربهم وأصولهم العرقية والقومية لتشكيل هيئة تمثيلية رسمية للمسلمين تتحدث باسم الإسلام مع السلطات الفرنسية وتقوم بتنظيم شؤون هذا الدين في فرنسا بدون حدوث تعارض أو تصادم مع مباديء **الجمهورية الفرنسية العلمانية.**

وتشجيع الحوار والتشاور والتنسيق الدائم أسوة ببقية الطوائف والأديان الأخرى ... وطالب الوزير المشاركين في الندوة أن يعلنوا على الملأ وبصورة صريحة وعلنية أن تقاليد العبادة الإسلامية لا تتعارض مع علمانية الدولة الفرنسية وعدم وجود خلاف بين تقاليد العبادة من جهة وتنظيم أمور وممارسة الشعائر الدينية في فرنسا من جهة أخرى.

وذلك يتوافق مع قانون الجمهورية ١٩٠٥ المتعلق بإدارة الشؤون الدينية وتنظيم أمور العبادات وترسيخ مباديء العلمانية. والشرط الأساسي للتعامل مع السلطات العامة هو ألّا يتعارض الدين (أي دين كان)، مع هذا القانون. ويعتقد الوزير الفرنسي أن علمانية الدولة هي من أجل حماية الأقليات الدينية وحرياتها وأنه لا يوجد هناك ما يخشاه "**الإسلام الفرنسي**" من العلمانية الفرنسية إذا استطاع فهمها وإدراكها بالصورة الصحيحة.

فالعلمانية في فرنسا هي إحدى القيم الأساسية التي يتفق حولها الجميع، وهي بمثابة مبعث للحرية وضمانة لكل فرد في اختياراته العقيدية والإيمانية والانتماء الديني والمذهبي وحماية مثل هذه الاختيارات. وهي أيضاً مصدر للتسامح تجاه كافة الأديان ومعاملتها على قدم المساواة.

٢٣٩

وقد تقدمت بجموعة عمل تشكلت من قبل الوزير مكونة من فرنسيين ومسلمين بتقرير من ١٥ صفحة (سنقوم بترجمته لاحقاً) مفصل عن احتياجات الجالية المسلمة المقيمة على الأرض الفرنسية، تحدثت فيه عن المشاكل التي يواجهها المسلمون مع الإدارات والبلديات والمؤسسات الحكومية في الحصول على حقوقهم القانونية التي يضمنها الدستور.

وكذلك عن نقص أماكن العبادة وعدم لياقة ما هو موجود منها مع مكانة هذا الدين السماوي الكبير. والصعوبات المالية التي تعيق استقلالهم واستقلال جمعياتهم ومنظماتهم. ومشكلة الحجاب في المدارس الفرنسية العامة وكيفية معالجتها. ومشكلة عدم وجود المدارس الإسلامية الخاصة وعدم السماح بإنشائها في فرنسا وكيفية التغلب على هذه العقبة التي كانت هي الحل للديانات الأخرى، فلليهود والمسيحيين مدارس خاصة تعترف بها الدولة الفرنسية وتحصل على الدعم المالي من الحكومة الفرنسية. وكذلك مشكلة عدم توفر أئمة المساجد المؤهلين داخل فرنسا ... الخ ...

كما تضمنت الندوة بمجموعة محاضرات قيمة ورزينة ألقاها عدد من المفكرين والباحثين الجادين والبارزين في هذا المجال من أمثال محمد أركون الذي ألقى محاضرتين الأولى بعنوان: **"نحو تعليم انثروبولوجيا دينية"** وتناول فيها النقص الحاد والخطير في دراسة الإسلام بصورة علمية في الجامعات والمعاهد الفرنسية والتاريخ المشوه الذي يقدم للطلاب في جميع مراحل الدراسة عن هذا الدين وعدم موضوعية المناهج المدرسية وغموض مفهوم العلمانية ذاته حتى لدى العلمانيين أنفسهم. والمحاضرة الثانية كانت تحت عنوان:

"الدين – الديموقراطية – العلمانية – الدنيوية: مقاربة نقدية"، حيث تعمق في شرح وتوضيح أبعاد وجذور هذه المصطلحات والعلاقة فيما بينها من خلال أمثلة ملموسة في الجزائر وتركيا ومصر ..

وعن علاقة الإسلام بالعلمانية، كتب ديديه موتشان، وهو رجل قانون وقاضي معروف، محاضرة تحت عنوان: **"هل سيكون الإسلام الفرنسي جمهورياً؟"** .. وتحت عنوان: **"الإسلام والسلطة الدنيوية"** كتب عبدو فيلالي أنصاري محاضرة عن علاقة الإسلام بالدولة والنظام الوضعي منذ فجر الإسلام إلى يومنا هذا، أي منذ الخلافة الراشدة وبدء النظام الملكي الوراثي في العهد الأموي. حملت محاضرة فيليب لويس عنوان: **"من الهامش إلى لب النظام"** جولة بانورامية حول شؤون الجالية الإسلامية في بريطانيا من كافة نواحيها.

وحول موضوع العبادة الإسلامية والشعائر الدينية الإسلامية وعلاقاتها بالجمهورية في فرنسا كتب فرانك فريغوسي محاضرة تحت عنوان: **"تأملات حول النواحي المتطورة لتنظيم الدولة العلمانية للإسلام ضمن نظام علماني"**، واستعرض فيها جميع محاولات الدولة الفرنسية عبر مختلف الحكومات اليمينية واليسارية لتنظيم الإسلام على الأرض الفرنسية واحتوائه.

"الإسلام في ألمانيا" هو عنوان محاضرة هاميت بوزارسلان، التي تحدث فيها عن أوضاع الإسلام في ألمانيا وخاصة في طبعته التركية نظراً لكون غالبية المسلمين هناك هم من الأتراك .. أما **"الإسلام الهندي –**

الباكستاني في **المملكة المتحدة**"، فقد كان عنوان مضمون محاضرة مريم أبو ذهب التي حللت فيها سياسة الحكومة البريطانية تجاه الأقليات.

وهكذا تظل مسألة الإسلام في أوروبا حيّة ومتأججة بانتظار قبول القارة الأوروبية بالأمر الواقع واعتبار الإسلام أحد الأديان الرسمية كما هو حال الديانتين الكبيرتين المسيحية واليهودية، فعدم الاعتراف هو الذي يتسبب في انبثاق المشاكل والأزمات.

فقبل عشر سنوات، وبالتحديد في أكتوبر عام ١٩٨٩ انفجرت في فرنسا، وبعدها في كل أنحاء أوروبا تقريباً، ولكن بحدة أقل "**قضية الحجاب الإسلامي**" أو غطاء الرأس في المدارس الفرنسية "**الفولار**". وكشفت تلك القضية عن حالة الكدر والضيق غير المعلن داخل المجتمع الفرنسي تجاه الإسلام والموقف منه بسبب تواجد بضعة ملايين مسلم، أغلبهم من المهاجرين القادمين من المستعمرات الفرنسية السابقة من شمال أفريقيا ووسطها، داخل الأراضي الفرنسية. وظهور أجيال جديدة من الشباب المسلم المنظّم والمثقف ممن يحملون الجنسية الفرنسية مما شكل في نظر بعض العنصريين "**تهديداً لأسس العلمانية**" بل و"**زعزعة لوحدة البلاد**"، ومن ثم طغى شبح العزلة الطائفية والتكتلات الجماعاتية المتعددة الولاءات الأمر الذي يهدد الجمهورية باعتقاد هؤلاء اليمنيين.

وتجسدت على أرض الواقع من الناحية السيكولوجية البحتة مقولة: "**حرب الحضارات**"، وساد الخوف والارتياب والانزعاج من رؤية راية الإسلام ترفرف فوق ربوع أوروبا خاصة بعد صدور تصريحات غير مسؤولة

من قبل قياديين مسلمين بهذا الشأن حول أسلمة المجتمعات الغربية. فلجأت القوى السياسية المتطرفة إلى التلويح بخطر الارهاب ضمن موجة من الهلع والتخويف والتشويه والمبالغة بخطر الاسلام لم يسبقها مثيل غذتها وسائل الإعلام في رؤوس وأذهان الرأي العام الخائف. الذي بات مقتنعاً أن الإسلام نقيض للحداثة والتطور والعلمانية والديموقراطية وحرية التعبير وحقوق الانسان والتسامح الديني.

بعبارة أخرى أن الإسلام كما فهمه المواطن الأوروبي والفرنسي خاصة هو عدو "الانسانية العلمانية". ومن المفارقات المدهشة أن يتصدى مفكر علماني ماركسي كان من أهم المنتقدين للفكر الديني هو الدكتور صادق جلال العظم لهذه الموجه العاتية ضد الإسلام في أيلول/ سبتمبر ١٩٩٩ بمقال نشره في صحيفة **لوموند ديبلوماتيك** دافع فيه عن الإسلام وقابليته على التطور والتكيف مع متطلبات العصر والتطور التقني وكان عنوان مقاله: "**الإسلام والعلمانية والغرب**" واعتبر الإسلام ديناً قادراً على التجدد وضرب لذلك مثلاً بالتجربة الإيرانية، وكيف اختارت الجمهورية بديلاً للخلافة والملكية نظاماً جمهورياً لها، والدستور الفرنسي نموذجاً تشريعياً وضعياً، والاقتراع الانتخابي الشعبي وسيلة وأسلوباً لاختيار الرئيس والبرلمان والمجلس الدستوري الأعلى وباقي المؤسسات الديموقراطية وحرية النشر والنقد الخ .. ولكن هل تغيرت نظرة أوروبا للإسلام ونحن على أعقاب الألفية الثالثة هذا ما نشك به وللأسف الشديد.

جان لويس بيونكو يرصد تحولات اللائكية الفرنسية([26])

٢١ مارس ٢٠١٦

الجزائر: ع. حميد

قال جان لويس بيونكو إن اللائكية أصبحت موضوعاً قابلاً للنقاش في فرنسا، بعد مختلف التحولات الاجتماعية والسياسية التي حصلت في السنوات الأخيرة، موضحاً أن **مرصد اللائكية** الذي أنشأه الرئيس الفرنسي **"فرانسوا هولاند"** يرمي إلى تقديم نصائح لجعل المصطلح يتأقلم أكثر مع الواقع الاجتماعي.

أوضح جان لويس بيونكو الذي سبق له أن شغل منصب **الكاتب العام** في الإليزيه بفرنسا، أن اللائكية في فرنسا تعدّ مسألة خاصة بها، إذ لا

([26]) جريدة الخبر الجزائرية – الرابط:
http://www.elkhabar.com/press/article/102815

يوجد ما يعادلها، معتبراً أنها تنظيم للحياة الاجتماعية. وقال بيونكو، في محاضرة ألقاها أول أمس بالمعهد الفرنسي في الجزائر العاصمة حول مصطلح اللائكية، إن هذه الأخيرة تتمركز في قلب الجمهورية الفرنسية، وهي رديف للحرية وانبثقت من عصر الأنوار، قبل أن يحدد معالمها الكبرى قانون ١٩٠٥ **"الذي يحدد المبادئ العامة للائكية اليوم".**

وحسب بيونكو، فإن الإعلان عن حقوق الإنسان والمواطن الذي ثبت حرية المعتقد وحرية التعبير دعم مبدأ اللائكية التي قادت إلى مسألة الفصل بين الكنيسة (الكاثوليكية) والدولة التي ضمنت الفصل بين الفضاء العمومي والفضاء الديني، وأفضت إلى مسألة المساواة بين مختلف الجماعات التي تشكل النسيج الاجتماعي الفرنسي.

ويعتقد بيونكو أن الفضاء العمومي مجبر على الحياد خلال التعامل مع الفضاء الاجتماعي، الأمر الذي يضمن مسألة التعددية التي تشكل بدورها **"ثراءً اجتماعياً وثقافياً، من منطلق أن الآخر يقدم لنا فرصة إثراء في النسيج الاجتماعي".**

ويرى بيونكو أن فرنسا عرفت، خلال السنوات الأخيرة، عودة واضحة للنقاش حول اللائكية بعد بروز محاولات تريد إعادة النظر في المصطلح، وانتقل الحديث من **"الرغبة في العيش المشترك"** التي تكونت منذ مطلع القرن العشرين، إلى **"الرغبة في الفعل المشترك"**، كما اقترحه المفكر ريجيس دوبري. وقال: **"أصبح من الضروري اليوم أن نُروج للتربية المواطناتية ونشرها على مستوى واسع".** كما شدد بيونكو، في محاضرته

التي تابعها وزير الاقتصاد الأسبق نور الدين بوكروح، على ضرورة ضمان "تسيير للفعل الديني"، تجنباً للتجاوزات التي قد تحدث.

مسلمو فرنسا .. والقوانين العلمانية![27]

الخميس ٢٢ سبتمبر ٢٠١٦

آدم تايلور: كاتب أميركي

يُنشر بترتيب خاص مع خدمة "واشنطن بوست وبلومبيرج نيوز سيرفيس

أصبحت العلاقة بين الحكومة الفرنسية والأقلية المسلمة في فرنسا محور اهتمام وسائل الإعلام الدولية الكبرى الشهر الماضي، بعد أن أقدم عدد من المدن الكبرى على حظر لباس البحر **"البوركيني"** الذي ترتديه بعض المسلمات ليغطي جميع أجسامهن باستثناء الوجه والكفين والقدمين.

وعلى الرغم من التراجع عن هذه الإجراءات بعد وقت قصير، يعتبر البعض أن الجدل بشأن **"البوركيني"** ليس سوى دليل على وجود توترات

---

[27]) جريدة الاتحاد الإماراتية – الرابط:
http://alittihad.ae/wajhatdetails.php?id=91191

واسعة داخل فرنسا، بين مجتمع يُعظّم طبيعته العلمانية والأقلية المسلمة من الفرنسيين الراغبين في الحفاظ على تقاليدهم، وربما تُسلط دراسة نشرها "معهد مونتيجن الليبرالي" الأسبوع الماضي الضوء على أحد جوانب ذلك التوتر الذي عادة ما يتم التغافل عنه ألا وهو: ما رأي المسلمين الفرنسيين أنفسهم في القوانين **العلمانية الفرنسية؟**

والدراسة، التي أجرتها مؤسسة "**إيفوب**" لاستطلاعات الرأي قبل وقت طويل من ظهور الجدل بشأن "**البوركيني**"، والتي نشرت في صحيفة "**دو ديمانش**» الأسبوعية، أن معظم هؤلاء الذين عرفوا أنفسهم بأنهم مسلمون يمكن تصنيفهم في ثلاث فئات شاملة. الفئة الأولى: تشمل من يعتبرون أنفسهم علمانيين، لكنهم يقولون أيضاً إن الإسلام يلعب دوراً رئيساً في حياتهم، ويشكلون زهاء ٤٦ في المئة من المواطنين الفرنسيين الذين عرفوا أنفسهم بأنهم مسلمون، ويُصنّفون بأنهم "**الأغلبية الصامتة**" في المجتمع المسلم داخل فرنسا.

والفئة الثانية: نسبتهم ٢٥ في المئة وعرفوا أنفسهم بأنهم "**مسلمون بفخر**"، لكنهم لا يزالون يقبلون القانون الفرنسي، بما في ذلك "**حظر النقاب**" الذي تم سنه في ٢٠١١، والذي يحظر تغطية الوجه، ونادراً ما يُرى النقاب في فرنسا.

وعلى الرغم من ذلك، تقدر نسبة الفئة الأخيرة ممن توجد لديهم وجهة نظر متشددة بشأن عقيدتهم وعلاقتهم بالدولة الفرنسية، بـ ٢٨ في المئة، لكن التقرير أشار إلى أن هذه الفئة تميل إلى تأييد تغطية الوجه وتعدد

الزوجات. ومن الملحوظ أن أعضاءها أصغر سناً بشكل كبير من الفئتين الأولى والثانية، ونصفهم أقل من ٢٥ عاماً، ولفت مؤلفو الدراسة إلى أنه قد يكون لذلك علاقة بتأثير الجيل.

وهذه الفئة الأخيرة وصفت بأنها **"الأكثر شباباً وتضم أشخاصاً أقل مهارة ولديهم مستويات متدنية من المشاركة في سوق العمل، ويعيشون في ضواحي المدن ويستخدمون الهوية الإسلامية المحافظة للثورة ضد المجتمع الفرنسي"**.

وأظهرت الردود على أسئلة محددة أن أقلية المسلمين في فرنسا فضلت التقاليد الإسلامية على القانون الفرنسي. فعلى سبيل المثال، أكد ٢٩ في المئة منهم أن الشريعة ينبغي أن تكون أكثر أهمية من القانون الفرنسي. وفي هذه الأثناء، فضل ٢٤ في المئة ارتداء البرقع أو النقاب، رغم الحظر. ومن الملحوظ في هذه القضية، كما في قضايا أخرى، أن المسلمات الفرنسيات أكثر **"محافظة"** من الرجال، إذ تؤيد ٢٨ في المئة من المسلمات الفرنسيات النقاب، مقابل ٢٠ في المئة من الرجال الذين ينتمون إلى نفس الفئة.

وكشفت الدراسة أن ٦٠ في المئة من المسلمين الفرنسيين يؤيدون الحق في ارتداء حجاب الرأس في المدارس والمؤسسات العامة، والذي تم حظره منذ عام ٢٠٠٤، على رغم من أن ثلث المسلمات يؤكدن أنهن ارتدين الحجاب أو سيفعلن إذا تمكنَّ. وشدد ثمانية من كل عشرة مسلمين فرنسيين

على أن مقاصف المدارس ينبغي أن تقدم خيارات أطعمة حلال، وهو مطلب مثير للجدل في بعض المدن الفرنسية.

ويبدو أن هذا الاستطلاع من أشمل التحليلات لمواقف المسلمين في فرنسا. وتم إجراؤه عبر الهاتف بين ١٣ أبريل و٢٣ مايو، وشمل ١٠٢٩ شخصاً أكبر من ١٥ عاماً من أصحاب العقيدة أو الثقافة المسلمة.

وربما تتحدى الدراسة الجديدة التفكير الجامد بشأن الأقلية المسلمة في فرنسا. ومن بين أبرز تلك التحديات حجم تلك الأقلية. والتزاماً بالمبادئ العلمانية، لا تسمح الحكومة الفرنسية للجهات الرسمية بجمع البيانات بشأن المعتقدات الدينية للأشخاص، ويعني ذلك أن تقدير أعداد المسلمين الفرنسيين يأتي من منظمات خاصة. ومن الدراسات التي يُشار إليها على نحو واسع النطاق دراسة مركز "بيو"، التي أشارت إلى أن تعداد المسلمين الفرنسيين بلغ ٤.٧ مليون نسمة في ٢٠١٠، ما يعني أنهم يشكلون نسبة ٧.٥ في المئة من إجمالي تعداد سكان فرنسا. وتشير بعض التقديرات إلى نسبة أكثر. وكشف استطلاع "آيفوب" أن المسلمين الفرنسيين يشكلون ٥.٦ في المئة من تعداد سكان الدولة، ممن تزيد أعمارهم على ١٥ عاماً.

www.ingramcontent.com/pod-product-compliance
Lightning Source LLC
Chambersburg PA
CBHW072258260726
48658CB00004BA/1123